国家社会科学基金项目（11CGL104）

低碳经济视域下西部地区
承接产业转移研究

王作军 等／著

科学出版社
北京

内 容 简 介

本书基于低碳经济视角借鉴相关理论和研究成果,以承接前期的实现条件、承接中期的战略模式与路径、承接后期的绩效评价及价值实现为逻辑主线,对西部地区承接产业转移进行了系统研究。首先,探析了承接产业转移的现状、影响因素和系统实现条件。其次,构建了承接产业转移的战略模式,提出了承接产业转移的战略路径,建立了承接产业转移的绩效评价指标体系和政策模型。最后,构建了承接产业转移的生态价值实现机理模型,并探究了生态价值中的政府行为优化问题。本书研究视角新颖,突出系统性、集成性、战略性、探索性、层次性的研究特色。

本书适合高等学校和科研机构的学者与研究生、地方政府部门和产业组织的决策者与高级管理者阅读。

图书在版编目(CIP)数据

低碳经济视域下西部地区承接产业转移研究 / 王作军等著. —北京:科学出版社,2019.8
    ISBN 978-7-03-061928-0

    Ⅰ. ①低… Ⅱ. ①王… Ⅲ. ①西部经济-产业转移-研究 Ⅳ. ①F269.27

中国版本图书馆 CIP 数据核字(2019)第 158024 号

责任编辑:刘英红 / 责任校对:贾娜娜
责任印制:张 伟 / 封面设计:黄华斌

科学出版社 出版
北京东黄城根北街 16 号
邮政编码:100717
http://www.sciencep.com

北京虎彩文化传播有限公司 印刷
科学出版社发行 各地新华书店经销
*
2019 年 8 月第 一 版 开本:720×1000 1/16
2019 年 8 月第一次印刷 印张:9
字数:200 000

定价:**72.00 元**
(如有印装质量问题,我社负责调换)

目　　录

在经济全球化日益加快、区域合作日益紧密和西部大开发战略深入实施的背景下，西部地区必须顺势而为，通过承接产业转移来实现产业结构的调整与升级，增强经济发展动力，缩小区域差距，实现均衡发展。但是，在这个过程中，如何打破"边转移边污染"的困局，走低代价转移之路，实现发展与生态的协同是亟须解决的重大现实问题，需要理论界进行深入思考。

本书基于以下背景，深入研究西部地区在低碳经济视域下承接产业转移的问题。

第一，国家层面，气候变化与能源安全问题日益凸显。中国人口众多，人均能源与资源匮乏，气候条件复杂，生态环境脆弱。[1]经济的快速增长很大程度上是建立在高能耗、高污染、高排放的粗放型经济发展模式之上的，对自然资源与生态环境造成了较大程度的破坏。但是，机遇与挑战并存，发展低碳经济为实现内涵式、可持续发展带来了重要机遇，我国积极采取碳减排措施，并通过"五位一体"总体布局、"五大发展理念"等国家层面的战略扶持低碳经济发展，对新时代的产业发展奠定了总基调、提出了总要求。

第二，区域层面。首先，西部大开发是新时期国家的重要发展战略，在中国发展的战略布局中，西部地区有着举足轻重的地位。实施西部大开发战略，有利于优化西部地区的经济结构与产业布局，促进东部、中部、西部地区协调互补发展，改善西部地区生态环境，满足人们对于美好生活的需要。其次，注重发挥长江经济带建设与辐射作用。建设长江经济带，就是要形成西部地区与沿海发达地区相互支撑、良性互动的新局面，将长江三角洲城市群、长江中游城市群和成渝经济区的产业要素连接起来，把市场统一起来，从而促进产业有序转移、产业结

---

① 国务院新闻办公室. 2011-11-23. 中国应对气候变化的政策与行动(2011). 人民日报, (15).

构优化升级。①立足长江经济带进行产业协同与合作，能为产业持续发展提供良好的基础设施与人力资源，有利于在承接产业转移过程中打造统一、开放的市场。

第三，产业层面。从承接规模来看，西部地区承接产业转移的规模不大，层次与质量不高，发达地区产业转移到西部地区的总量有限，其中不少产业属于低端产业、淘汰产业，甚至是高污染、高能耗、高排放这样的"三高"产业。从承接效率来看，西部地区承接产业转移存在违背市场经济秩序、规划设计不合理及不正当竞争等乱象。此外，在产业转移过程中，忽视转入产业发展的可持续性、忽视生态保护和建设、忽视土地资源的合理使用，这些问题同样给西部地区持续发展带来巨大压力。

对此，本书基于低碳经济的视角，通过深入考察既有相关研究成果，借鉴低碳经济、产业转移理论、协同理论、绩效评价理论、价值理论、工业园区理论等，运用定性与定量相结合、静态与动态相结合、案例与实证相结合的集成研究方法，从不同层面把握西部地区承接产业转移的特点和规律。本书总体上沿着承接前期的实现条件、承接中期的战略模式与路径、承接后期的绩效评价及价值实现的思路，对西部地区承接产业转移进行了系统研究。

明晰承接产业转移的现状、影响因素和系统实现条件，是西部地区开展承接产业转移实践的重要前提。从自身面临的生态困境、承接产业转移所引致的生态问题两个方面，分析西部地区承接产业转移的基本情况，进而剖析承接产业转移的影响因素，探究承接产业转移中重要的驱动力和限制因素，归纳其系统实现条件，建立"六力旋转模型"，为提出契合实际、行之有效的西部地区承接产业转移的模式与路径奠定基础。

科学构建承接产业转移的战略模式，是西部地区开展承接产业转移实践的基础。在归纳承接产业转移总体要求的基础上，提出了承接产业转移的战略模式，包括产业与区域层面的"同心圆"模式、产业与园区的"产业—政策—载体"模式及产业之间的静耦合模式，据此构建承接产业转移模式的战略选择"产业优化度—低碳发展度"耦合矩阵，形成马蜂型、幼蜂型、工蜂型及蜂王型四种战略类型，并分析其转化方式。

有效选择承接产业转移的战略路径，是西部地区开展承接产业转移实践的具体方向。在低碳经济视域下，以生态园区为具体承接载体，以重庆两江新区为例，构建了"三个过程环节+两个控制环节"的"3P2C"战略路径，并通过协同、激励、补偿、传导、联动五大实施机制，实现对目标产业的承接。

承接产业转移的绩效评价问题，是衡量西部地区承接产业转移效果的必要环节，也是有效纠偏和控制的必要保证。通过运用层次分析法对转移产业进行绩效

① 刘勇，周金堂. 2015-01-08. 推进区域一体化发展的主要路径. 光明日报,(15).

评价，构建由低碳发展、优化发展、包容发展、理性发展、协调发展 5 个维度、15 个指标构成的绩效评价指标体系，并以重庆两江新区水土高新技术产业园为例，进行绩效评价。

承接产业转移的政策问题，是西部地区政府支撑承接产业转移活动的抓手。从基础性政策、发展性政策、自愿性政策等三个维度对西部地区承接产业转移过程中制定的相关政策进行梳理归纳，运用 IPAT（Human Impact Population Affluence Technology）方程构建低碳经济视域下西部地区承接产业转移的政策模型，并建立了基于政策影响力的政策制定"引力模型"，最后运用利益相关者模型对构建的政策模型进行评估。

承接产业转移的生态价值实现，是西部地区承接产业转移的价值追求。首先，建立由关系价值、行为价值、协同价值、服务价值与公共价值构成的"1+4"的生态价值实现框架，基于产业转移前期、中期、后期的不同阶段特点和低碳需求，构建承接产业转移的生态价值实现机理模型。其次，基于非契约机制的观点，研究生态价值中的政府行为优化问题，构建政府间行为的静态模型与动态模型，通过政府行为推进生态价值的实现。

本书的创新之处体现在以下几个方面。①凸显系统性、集成性研究特色。以低碳经济理论、协同理论、产业转移理论等为基础，系统研究了西部地区承接产业转移前期、中期、后期的关键环节，将西部地区承接产业转移形成一个前后有机衔接的可持续发展系统。②具有独特的研究视角。在低碳经济视域下，突出承接产业转移需要基于低碳经济的视角，并贯穿于全过程，包括系统实现条件、战略模式、绩效评价、政策制定、生态价值实现等，构建了系统性战略路径，实现发展与生态的协同。③突出战略性和探索性。以战略观、系统观为工具，提出了西部地区承接产业转移系统实现的"六力螺旋模型"、绩效评价指标体系、政策制定的"引力模型"等量化模型，既有宏观的战略设想，又有可操作性的政策工具，具有较强的实用性与操作性。④突出层次性和针对性。本书根据不同区域、产业和企业的特点，采取不同战略模式承接产业转移。例如，分别基于区域—产业层次、政府—产业层、产业间层次构建了"同心圆"模式、"产业—政策—载体"模式、静耦合模式，贴近西部地区发展的实际，具有现实针对性。⑤突出实证性分析。通过实证分析确定绩效评价体系的构成要素及其权重，对重庆两江新区水土高新技术产业园进行了评测；借鉴万有引力公式，构建了西部地区承接产业转移政策制定的引力模型，为政策制定奠定了可靠的基础。

本书的顺利完成，凝聚着整个团队的辛勤劳动，经过多次的修改、完善、校对和统稿，力求精益求精，保证图书质量，以期为从事相关研究的学者提供一部全方位、宽视野、重实践的产业转移研究著作。

本书得以出版，感谢国家社会科学基金的资助，感谢科学出版社各位编辑的高效工作和辛勤付出，感谢西南大学政治与公共管理学院社会科学处的领导和同事们给予的关心及帮助！

在本书写作过程中，王蓓、何明珠、田茗萱、徐国平、何其芳、王彦蓉、汪渊等参加了写作、文献整理和讨论等工作，付金萍、贝纪宏、周密、杜晓康、吴晓玲、特尔格乐、陈正、陈瑭秋、马冬梅、任静、石剑兰、钱程龙等参与了检查和校对等工作，在此一并致以衷心感谢！

本书是在低碳经济视域下对西部地区承接产业转移的一种探索，在以后的研究中还将融入新的思想、观点和方法进行深入分析，以便进一步丰富该领域的研究成果。

第 2 章

低碳经济视域下西部地区承接产业转移文献综述

对国内外相关研究进行梳理与总结，是开展研究的基础，不仅可以吸收已有研究成果的精华，找出相关研究的薄弱之处，还可以明确本书研究的科学问题。因此，本章主要从低碳经济的研究现状、产业转移理论的研究现状、低碳经济与产业转移的内在逻辑三个方面进行了归纳和述评，为本书写作奠定理论基础。

2.1 低碳经济的研究现状

2.1.1 低碳经济溯源

低碳经济虽然是 21 世纪的热词，但追其溯源，低碳经济思想最早见于美国著名学者莱斯特·R. 布朗的可持续发展理念下生态经济发展模式当中。1999 年，在《生态经济革命：拯救地球和经济的五大步骤》一书中，他指出在创造可持续发展经济的庞大工程中，首要是能源经济的变革，为应对地球温室效应的威胁，要尽快从以石化燃料为核心的经济，转变成为以氢能、太阳能等为核心的经济。[①]由此可以看出，布朗对发展低碳经济进行了前瞻性和开创性的研究。此后，他分别出版了《生态经济：有利于地球的经济构想》(*Eco-Economy: Building an Economy for the Earth*)、《B 模式：拯救地球 延续文明》(*Plan B: Rescuing a Planet under Stress and a Civilization in Trouble*) 等著作，对能源结构转变、发展生态经济、以人为本的发展新模式进行了深入探索。布朗关于可持续发展、降低排放、保护能源资源的生态经济理念，蕴含着现代社会的低碳经济思想，为低碳经济的发展提供了重要的借鉴。

---

① 转引自方姣. 2009-05-19. 也谈发展低碳经济. 光明日报, (10).

2.1.2　低碳经济概念提出

"低碳经济"概念最早见于2003年英国能源白皮书《我们能源的未来：创建低碳经济》，该书强调了英国和世界面临的能源挑战与气候变化危机，提出了能源政策改革的方向，并指出低碳经济将是企业在燃料电池、海上风力、潮汐能等技术领域成为领导者的最重要机遇，认为低碳经济是用更低的自然资源消耗和更小的污染，获取更高的资源产出，来为提高生活质量做出贡献。这一概念一经提出，便引起了强烈反响，2006年英国的《斯特恩报告》及随后美国颁布的《低碳经济法案》，表明低碳经济已经受到全球的广泛关注。2007年，联合国在巴厘岛召开的气候变化大会通过了"巴厘路线图"，低碳经济概念进一步得到肯定。2009年，哥本哈根世界气候大会召开之后，国际社会日益达成共识——在低碳经济发展理念下控制全球气候变化。

2.1.3　低碳经济概念界定

英国虽然率先提出了低碳经济概念，并制定了发展低碳经济的长远目标和阶段性目标，但并没有对低碳经济概念做出明确界定，也没有给出可以在国际上能够参考的低碳指标体系。近年来，学术界对低碳经济概念的理解也是基于不同的视角，并没有达成共识。国内学者对低碳经济概念进行了积极深入的研究，取得了一些研究成果。

总体来说，国内学者对低碳经济的研究主要分为以下三个阶段。

第一阶段，围绕英国能源白皮书，对英国低碳经济的进展进行了研究。自2003年英国能源白皮书首次提出"低碳经济"概念以来，国内学者就开始对低碳经济进行研究，由于此时对低碳经济的研究尚处在起步阶段，大多数学者从英国的低碳经济着手，主要体现在解读英国能源白皮书[1]、研究英国的低碳能源政策[2]、绿色能源战略[3]等方面。毋庸置疑，这一阶段的研究为之后国内学者对低碳领域进行深入研究做好了铺垫。

第二阶段，从具体的视角对低碳经济进行研究。一是从经济视角进行界定。低碳经济是以低能耗、低污染为基础的一种经济形态[4]，以低碳创新和实践为手段[5]，从而控制温室气体排放、应对气候变化、实现清洁发展。[6]二是从政策法律视角进

---

① 赵娜, 何瑞, 王伟. 2005. 英国能源的未来——创建一个低碳经济体. 现代电力, 22(4): 90-91.

② 靳志勇. 2003. 英国实行低碳经济能源政策. 全球科技经济瞭望, (10): 23-27.

③ 李文虎. 2004. 英国的绿色能源战略. 世界环境, (1): 51-52.

④ 游雪晴, 罗晖. 2007-07-27. "低碳经济"离我们还有多远? 科技日报, (01).

⑤ 金涌, 王垚, 胡山鹰, 等. 2008. 低碳经济: 理念·实践·创新. 中国工程科学, 10(9): 4-13.

⑥ 付允, 汪云林, 李丁. 2008. 低碳城市的发展路径研究. 社会与科学, (2): 5-10.

行界定。发展低碳经济需要充分依靠法律法规和政策的辅助作用：一方面，以国家能源、环境相关法律为支撑，以抑制资源能源浪费为重点[①]；另一方面，进一步完善国家层面的低碳政策，执行更严更高的产品标准、能效标准，完善碳排放机制。[②]

在这一阶段，理论界对低碳经济的研究并没有形成系统的理论体系，对低碳概念的表述仍仅局限于单一的视角，其概念表述并不成熟。但是，这一阶段仍然取得了许多实质性的进展，如从中国实际的国情出发探索出具有中国特色的低碳经济之路、完善政府原有的法律政策来为发展低碳经济服务等，这些成果为低碳领域的深入研究奠定了理论基础。

第三阶段，从更为全面的角度对低碳经济进行研究。这一阶段从系统观的角度出发，结合实践的发展，推动低碳经济的研究，主要的观点包括以下几个方面。首先，低碳经济是发展观念的全新转变。低碳经济是在世界气候变暖与环境压力不断增大背景下提出的一种新的发展理念，其实质是提高能源使用效率和构建高效清洁能源结构，核心是技术创新和体制创新。[③]其次，低碳经济是一种新发展模式。低碳经济就是运用低碳理念组织经济活动，将传统发展模式转变成以低污染和高效能为基础的绿色发展模式。[④]低碳经济以可持续发展为基本目的，其实质是提升节能减排、新能源开发技术，促进低碳生产和产品开发，从而维持全球生态平衡的一种低碳发展模式。[⑤]

在这一阶段，学者对低碳经济概念的界定具有成熟性、完整性、全面性的特征，基本形成了比较完备的理论体系。同时，更注重把人文情怀融入对低碳经济概念的理解之中，认为发展低碳经济是人类为了缓解生态失衡和排放增加而采取的自救行为。[⑥]

综上所述，低碳经济这一理念始于气候变化和能源安全的考虑，随着实践的发展，其概念和内涵不断得到丰富与拓展。虽然理论界对低碳经济的研究角度不同、表述方式各异，但对其概念内涵的理解大致相同，即以污染排放的有效控制、清洁能源的利用开发、低碳技术的研发应用、低碳体制机制构建为主要内容，其目标是实现经济社会的可持续发展。但是，低碳经济概念的表述也存在着不完善之处：一方面，低碳经济作为实践活动，其概念表述未体现出权责关系；另一方面，低碳经济概念表述多集中于经济角度，而忽视了人文角度。本书认为，低碳经济应该是政府权力低碳、企业强制低碳、个人义务低碳的统一。

总体来讲，低碳经济是指在可持续发展理念和绿色发展理念指导下，运用体

① 龚向前. 2006-06-01. 能源法的变革与低碳经济时代. 中国石油报, (03).

② 刑继俊, 赵刚. 2007. 中国要大力发展低碳经济. 中国科技论坛, (10): 87-92.

③ 张坤民, 潘家华, 崔大鹏. 2008. 低碳经济论. 北京: 中国环境科学出版社.

④ 付允, 马永欢, 刘怡君, 等. 2008. 低碳经济的发展模式研究. 中国人口·资源与环境, 18(3): 14-19.

⑤ 冯之浚, 金涌, 牛文元, 等. 2009. 关于推行低碳经济促进科学发展的若干思考. 政策瞭望, (8): 39-41.

⑥ 陈游. 2009. 碳金融: 我国商业银行的机遇与挑战. 财经科学, (11): 8-15.

制机制创新、产业转型、技术革新、清洁能源开发等多种手段，尽可能地减少煤炭、石油等高碳能源消耗，减少温室气体排放，构建一种经济社会发展与生态环境保护双赢的绿色经济发展模式。

随着低碳经济的盛行，发展低碳经济已经成为全球发展的主导模式。低碳经济的兴起对中国来说既是一种机遇，也是一种挑战。一方面，发达国家积极倡导低碳发展，为中国承接国际产业转移提供了良好契机；另一方面，为了更好地实现低碳发展，对中国在产业转移方面也提出了更高的要求。在国内，随着区域经济的发展，承接发达地区的产业转移是后发达地区实施赶超战略的重要举措之一。因此，在发展低碳经济的背景下，如何更好地承接产业转移越来越受到理论界的关注。

2.2 产业转移理论的研究现状

2.2.1 产业转移溯源

产业转移研究的起源，最早可追溯到古典贸易理论。该理论是在以亚当·斯密为代表人物的绝对优势论和以大卫·李嘉图为代表人物的比较优势论基础上产生的。古典贸易理论认为，国际贸易产生的原因是国家之间存在着外生的比较利益[①]，实际上是从比较优势、生产力差异和产业优势的视角，来说明国际贸易产生和区域生产要素流动的起因。因此，古典贸易理论蕴含着产业转移的思想，为开展产业转移研究提供了重要的依据和启示。

2.2.2 产业转移概念

早期的产业转移定义，多聚焦于发达国家在寻求比较优势时，将衰退型产业转出的角度进行讨论。后来，产业转移不再局限于单一的衰退型产业，而是逐渐扩展到扩张型产业，并且从性质、方式和效应等方面对产业转移进行更全面的描述。[②]随着产业转移内涵与实践发展的不断深入，理论界从不同视角进行探析从而归纳出了不同的定义，但都普遍认同产业转移是产业空间转移或产业链拓展现象。

1. 区际产业转移概念界定

（1）从产业生命周期的角度进行界定。产业转移是将衰退型、夕阳型产业转出，以换取产业延续与复兴的空间。产业转移是"退"与"进"的统一体，一方

---

① 赵根伟, 葛和平. 2010. 新兴古典贸易分工理论发展述评. 商场现代化, (19): 5-7.
② 熊必琳, 陈蕊, 杨善林. 2007. 基于改进梯度系数的区域产业转移特征分析. 经济理论与经济管理, (7): 45-49.

面将落后的传统产业转移出去，另一方面将一些朝阳产业和新兴产业引进来。[①]

（2）从区位转移的角度进行界定。撤退性产业转移是产业在区域间竞争优势的变换，而导致产业重新选择区位的结果。[②]其实质是企业的空间扩张与转换过程，也是一种再区位（relocation）和区位调整（location adjustment）的过程。[③]

（3）从要素流通的角度进行界定。产业转移是指随着资源供给或市场需求情况的变化，促使一些产业从某一国家（地区）转移到另一国家（地区）的经济过程。[④]它有助于经济机会传播、技术传播、管理经验的传播。[⑤]由此，产业转移不仅是要素移动的过程，更是要素优化配置的过程。

2. 国际产业转移概念界定

简单来说，国际产业转移主要是指产业在国与国之间的空间转移或迁移，具体来说，学者从不同的角度出发，对国际产业转移概念做出了不同的界定。

从产业演进角度来看，产业转移是产业在不同国家间的移动，实质是生产要素在国家之间进行重新配置和组合，通过资本的国际投资实现，其演进趋势是由低要素收益率、低技术含量产业向高要素收益率、高技术含量产业转移。[⑥]从要素流动角度出发，产业转移是具有时空维度的动态过程，是生产要素的国际流动过程，是产业结构调整、转型和升级的重要途径。[⑦]国际产业转移作为生产力空间转移的一种方式，既是发达国家产业结构转型、推进全球化战略的重要手段，也是欠发达国家产业结构变革、产业技术进步的重要途径。[⑧]

综上所述，本书认为产业转移是随着经济发展和产业分工细化，为了促进区域产业结构调整与升级，通过投资、转变对外贸易增长方式或者技术扩散的形式，将资本、技术、劳动力等生产要素转移到具有比较优势的地区，从而在产业的空间分布上表现出该产业由一个地区向另一个地区转移的现象。产业迁移过程中会伴随着生产要素、资本和消费市场的流动与转换，对转出地区和承接地区都会产生不同程度的影响。

2.2.3　产业转移特征

1. 国际产业转移的特征

国际产业转移作为国与国之间进行产业资源互补、资本要素流动的一种有效

① 王先庆. 1997. 跨世纪整合: 粤港产业升级与产业转移. 商学论坛, (2): 31-36.
② 陈刚, 陈红儿. 2001. 区际产业转移理论探微. 贵州社会科学, (4): 2-6.
③ 魏后凯. 2003. 产业转移的发展趋势及其对竞争力的影响. 福建论坛(经济社会版), (4): 11-15.
④ 陈建军 2002. 中国现阶段的产业区域转移及其动力机制 中国工业经济, (8): 37-44
⑤ 张可云. 2001. 西部大开发战略的基本取向辨析. 首都经济, (2): 23-25.
⑥ 陈晓涛. 2006. 产业转移的演进分析. 统计与决策, (7): 87-88.
⑦ 李松志, 杨杰. 2008. 国内产业转移研究综述. 商业研究, (2): 22-26.
⑧ 李睿. 2011. 国际产业转移的趋势、优化效应及我国对策. 特区经济, (10): 81-84.

方式，总体上呈现出由主要靠外资投入向跨国公司、战略联盟转化，由低端制造业、劳动密集型产业向高新技术产业、技术密集型产业转移的特征。它是通过价值链分割促进"头脑产业"和"躯干产业"的国际分工，通过外包方式将品牌与制造分离，利用一体化整合生产和相关联的市场形成产业集群。[①]第四次产业转移浪潮，具有多向性、由整体向各价值环节辐射、以跨国公司为主体的转移路径等三大特点。[②]国际产业梯度差比国内区域间更明显，国际产业转移在数量、规模和程度上远大于区际产业转移。[③]服务业是国际产业转移的主要领域，非股权合作成为主要途径，并呈现出劳动、资本、技术密集型国际产业转移共存的特征。[④]

以中国承接国际产业转移为例，呈现出"东热西冷"的地区间分布不均衡，以及投资产业主要集中于制造业、所承接的产业处于价值链低端等特征。[⑤]由劳动密集型产业向资本、技术密集型产业转变，其主要途径是对国外直接投资、外商直接投资和离岸外包，其分工方式由纵向分工向纵向与横向的复合型方式转变。[⑥]

2. 区际产业转移的特征

总体来说，区际产业转移呈现出以企业为具体载体、以要素流动为内在机理、以产业结构优化升级为目标的特征。产业转移具有梯度特点，经济较发达的东部地区低端产业正向中西部地区转移。[⑦]现有产业转移基本遵循着梯度转移的规律，即经由东部地区、中部地区到西部地区转移的规律。[⑧]虽然我国区域之间产业转移规模在日益扩大，但仍暴露出粗放型、低端化的弊端。对广东产业转移的实证研究发现，在产业转移的结构方面，高污染高耗能产业、采掘业及资源产业的转移程度较大，而低污染重工业产业及高科技产业则基本上没有转移，或者转移程度很小。[⑨]

2.2.4 产业转移动因

产业转移是带动转出地和承接地产业结构优化升级，促进区域经济协调发展，增强区域经济内生动力的重要举措。研究产业转移的动因有助于发掘其动力源泉，进而探索更加科学合理的产业转移模式。关于产业转移的动因，从理论

① 胡俊文. 2004. 国际产业转移的基本规律及变化趋势. 国际贸易问题, (5): 56-60.
② 李俊江, 李一鸣. 2016. 我国承接国际产业转移的新趋势及对策. 经济纵横, (11): 82-86.
③ 王恕立, 张云. 2011. 国内外产业转移理论研究述评. 现代商业, (2): 147-149.
④ 傅强, 魏琪. 2013. 全球价值链视角下新一轮国际产业转移的动因、特征与启示. 经济问题探索, (10): 138-143.
⑤ 王建平. 2013. 我国承接国际产业转移的基本现状及展望. 中国流通经济, (8): 53-57.
⑥ 李俊江, 李一鸣. 2016. 我国承接国际产业转移的新趋势及对策. 经济纵横, (11): 82-86.
⑦ 刘红光, 王云平, 季璐. 2014. 中国区域间产业转移特征、机理与模式研究. 经济地理, (1): 102-107.
⑧ 贺曲夫, 刘友金. 2012. 我国东中西部地区间产业转移的特征与趋势——基于 2000—2010 年统计数据的实证分析. 经济地理, (12): 85-90.
⑨ 邹滨. 2013. 我国产业转移演进趋势的实证研究——以广东省为例. 商业时代, (33): 119-121.

角度来看，有产品生命周期论、成本上升论、梯度转移论、产业成长演化论、企业成长空间扩张论等观点。这些理论至今仍为研究指导国际、区际产业转移的重要思想。

从中国产业转移的实践发展来看，一些学者从产业自身需求出发，认为产业要主动地进行转移，这也是一种较为主流的认识，主要有产业结构升级的需要[①]、成本及资源要素[②]、产业级差的引力[③]等观点。另外，有的学者依据产业发展实际，认为如果某一区域的产业过于集聚，就会导致资源短缺和要素成本增加，只有通过产业转移的途径来寻找新的利润源。[④]与以上两种观点不同，也有观点认为转出地与转入地的共同作用，客观上促进了产业的转移。产业转移的决策，不仅取决于产业所在地的推力和承接地的拉力大小，还取决于一些产业所在地的阻力因素（keep-factors）。[⑤]产业转移的推力包括转出地的产业结构调整战略、生产成本增加的压力及资源能源的缺乏，拉力包括转入地的优惠政策、较低的成本、丰富的资源等因素。[⑥]依据区域和产业发展的不同情况，这三种类型的产业转移可进行分类组合，增进动力、克服阻力，从而扩大产业转移的效益。

2.2.5　产业转移的路径模式

所谓产业转移的路径模式是指某个国家或者地区根据产业转移承接地的具体情况，如地理环境、经济发展水平、人文因素等特殊条件，经过长期试点研究从而总结经验，不断得以推广和发展，进而形成一种固定的、可资借鉴的方式方法使产业转移比较顺利的实现，并推动经济的发展。传统的产业转移模式在长期的实践中发挥了重要的作用，促进了产业转移理论的发展，包括赤松要的基于过程的"雁行"模式、弗农的产品循环模式、小岛清的边际产业扩张模式，以及基于方向的梯度模式[⑦]、逆梯度模式[⑧]、垂直型和水平型转移模式[⑨]，基于价值链工序的网络型模式（亦称"龙形"模式）[⑩]，基于规模的整体与部分迁移模式[⑪]等。随着

① 陈刚，陈红儿. 2001. 区际产业转移理论探微. 贵州社会科学，(4): 2-6.

② 马子红. 2006. 基于成本视角的区际产业转移动因分析. 财贸经济，(8): 46-50, 97.

③ 贾文彬，乌云其其格. 2010. 西部地区承接产业转移的动因分析. 经济研究导刊，(23): 62-63, 73.

④ 臧旭恒，何青松. 2007. 试论产业集群租金与产业集群演进. 中国工业经济，(3): 5-13.

⑤ 魏后凯. 2003. 产业转移的发展趋势及其对竞争力的影响 福建论坛(经济社会版)，(4): 11-15

⑥ 苏华，夏蒙蒙. 2014. 产业转移动因及分析框架研究综述. 合作经济与科技，(13): 21-23.

⑦ 刘红光，王云平，季璐. 2014. 中国区域间产业转移特征、机理与模式研究. 经济地理，(1): 102-107.

⑧ 郭凡生. 1984. 评国内技术的梯度推移规律——与何钟秀、夏禹龙老师商榷. 科学学与科学技术管理，(12): 19-22.

⑨ 韩文民，王婷，叶涛锋. 2005. 敏捷生产方式的实施与出口加工区的发展. 经济管理，(24): 32-35.

⑩ 赵张耀，汪斌. 2005. 网络型国际产业转移模式研究. 中国工业经济，(10): 12-19.

⑪ 王喜刚. 2010. 中西部地区产业转移与承接中的问题与对策. 经济研究导刊，(18): 113-114.

研究的深入，理论界也提出了一些新的产业转移模式。

（1）集群式转移模式。该模式认为，企业单独、孤立的产业转移效果并不理想，缺乏发展后劲，应该以企业集群或产业链的方式实现整体式转移，这样产业集群的协同关系、网络关系、互补能力、联通机制保持不变，依然能够保持相对竞争优势和强大竞争力。关键企业倾向于与配套产业、关联企业一同转移。[①]其动因在于集群的自我强化功能可产生强大的向心力从而促进了集群式转移。[②]其内涵体现为：一是在形式上，是指集群的整体性转移[③]；二是实质上，能维持原有的分工与合作关系。[④]该模式通过企业间的信任来降低交易成本，从而提升协作效率，因此能够实现产业转移的预期目标。东莞的电子产业集群、重庆的奥康鞋业集群和电脑产业集群、昆山的自行车产业集群等都获得了良好的发展效应。

（2）组团式转移模式。该模式是指在产业转移的过程中，相关的配套体系、服务体系、管理体系随之转移，形成协同化的转移模式。转移产业受社会资本与网络资本的限制，不愿转出或转出后难以发展，只有与产业相关的社会资本及管理模式一同"组团式"转移，才能实现双方受益、共同发展，以上海外高桥集团有限公司与江苏启东市合建上海外高桥（启东）产业园为例，具体分析了双方的合作体机制与管理体系。[⑤]这种组团式转移模式，克服了企业在承接地难以适应的情况，能够调动双方的积极性，保障彼此利益并实现共赢。

（3）低碳式转移模式。该模式是指在承接产业转移过程中，避免承接高污染、高排放的资源密集型、能源耗费型的低端产业和落后产业，而应选择低能耗、清洁型、可循环的先进制造业与先进服务业，或者能够补充本地产业链的补链型产业，从而达到优化产业结构、实现低碳发展的目标。低碳化是承接转移的必由之路，要在承接低碳产业的基础上引进和消化低碳技术，促进战略新兴产业的发展，实现低碳化产业创新。[⑥]在全球应对气候变化、推进节能减排的背景下，低碳化应是中国承接国际产业转移必须遵循的模式和现实选择。[⑦]西部地区应采用绿色承接模式，制定统一的环境标准限值，加强环境绩效考核，避免盲目承接污染型企业。[⑧]因

① Sammarra A, Belussi F. 2006. Evolution and relocation in fashion-led italian districts: evidence from two case-studies. Entrepreneurship & Regional Development, 18(6): 543-562.

② 刘友金, 胡黎明, 赵瑞霞. 2011. 基于产品内分工的国际产业转移新趋势研究动态. 经济学动态, (3): 101-105.

③ 丘兆逸. 2006. 实施产业集群转移模式 实现西部经济腾飞. 探索, (1): 146-149.

④ 蒙丹. 2007. 以集群转移的模式促进东部劳动密集型产业的转移. 商场现代化, (18): 258-259.

⑤ 杨玲丽. 2012. "组团式"外迁: 社会资本约束下的产业转移模式——上海外高桥(启东)产业园的案例研究. 华东经济管理, (7): 6-9.

⑥ 羊绍武, 黄金辉. 2010. 低碳经济约束下中国承接国际产业转移的现实路径. 西南民族大学学报(人文社科版), (7): 200-203.

⑦ 牛青山. 2011. 我国承接国际产业转移的现状与对策. 山西大学学报(哲学社会科学版), (4): 135-139.

⑧ 杨国才, 潘锦云. 2014. 中西部地区承接产业转移的政策应转向. 经济纵横, (5): 71-76.

此，在承接产业转移的过程中，应该树立生态化、低碳化的承接理念，从而探索科学、低碳的产业转移方式。

（4）回归式转移模式。该模式是指在外务工人员因为家乡发展向好、优惠政策及亲情的吸引，以及外地发展的限制与身份认同问题，将自身技术、资金、企业转移到家乡的一种产业转移方式。近年来，中西部地区如河北、河南、湖南、安徽、重庆、四川等地不断出台政策，创造良好条件，利用开发区、孵化园、产业新区等载体，吸引在外务工人员、企业高管返回家乡创业。同时，国家相关部门出台相关文件，不断给予政策支持，如《国务院办公厅关于支持农民工等人员返乡创业的意见》（国办发〔2015〕47 号）鼓励已经成功创业的农民工等人员，顺应产业转移的趋势和潮流，充分挖掘和利用输出地资源与要素方面的比较优势，把适合的产业转移到家乡再创业、再发展。[1]回归式转移是产业转移的新模式，对于推进新型城镇化建设、统筹城乡协调发展具有重要意义，包括技术回归、生产回归、企业回归、产业回归四种方式。[2]外出人员从技能学习到回乡创业的草根式成长是回归式转移的原动力。[3]

2.2.6　西部地区承接产业转移的研究

西部地区因其独特战略定位、丰富的能源资源和较低的生产要素成本，以及调整产业结构、发展先进产能、实现经济腾飞的迫切需要，已经成为承接产业转移的主战场。

（1）西部地区承接产业转移的模式。西部地区承接东部地区及发达国家的产业转移，可以采用"东部市场+西部资源"模式、"知名品牌+西部资源"模式、"技术+周边国家"模式。[4]同时，结合西部地区的产业特点和区位优势，可以采取产业转移园区、集群转移等模式，有针对性地承接产业转移。

（2）西部地区承接产业转移的路径。一是走低代价转移之路。[5]不能盲目追求经济增长率，避免走先污染后治理的传统路径，应有选择地承接产业转移，做到经济发展与生态保护相协调。[6]《国务院关于中西部地区承接产业转移的指导意见》（国发〔2010〕28 号）指出，坚持节能环保，将资源承载能力、生态环境容量作为承接产业转移的重要依据。二是走自主工业化道路。[7]培育自身优势特色产业，

---

① 国务院办公厅. 2015-06-21. 国务院办公厅关于支持农民工等人员返乡创业的意见(国办发〔2015〕47 号).

② 成祖松, 李郁. 2016. 回归式城乡产业转移研究. 现代经济探讨, (7): 66-70.

③ 周阳敏, 高友才. 2011. 回归式产业转移与企业家成长："小温州"固始当代商人崛起实证研究. 中国工业经济, (5): 139-148.

④ 李娅. 2010. 国际产业链分工模式的延伸——我国东西部产业转移模式探讨. 云南财经大学学报, (5): 140-146.

⑤ 杨红. 2007. 政府在产业转移中的生态责任与生态决策. 市场论坛, (11): 8-10.

⑥ 王建平. 2013. 我国承接国际产业转移的基本现状及展望. 中国流通经济, (8): 53-57.

⑦ 陈力勇. 2009. 自主工业化: 西部承接产业转移的路径选择. 理论导刊, (5): 52-53.

有选择、跳跃式地承接东部产业转移。[1]三是走集群化承接之路。集群化承接模式因具有整合性、规模化的优势，能够有效带动西部地区产业升级，并能推动产业链的完善。西部地区应选择集群式承接模式，根据转入产业的特点选择不同集群转移模式，并依据自身条件选择适合的关键企业或核心企业。[2]西部地区在承接产业转移过程中，容易落入只见企业、忽视产业的企业转移陷阱，导致无法完成预期目标，因此通过承接集群式的产业、引进关键企业等方式实现产业链整合，是摆脱企业转移陷阱的路径选择。[3]四是走低碳化承接之路。西部地区虽然能源资源丰富，但是具有生态脆弱且难以修复的特征，必须基于生态理念、低碳理念承接产业转移。转入污染密集型产业，会导致环境承载力下降和环境容量减少，甚至会导致不可恢复的生态环境巨大破坏。[4]应该推进西部地区在承接产业转移过程的强制减排，加强科技创新与低碳技术的应用推广。[5]目前区域产业转移导致的环境污染没有得到应有的关注，西部地区已成为产业转移中碳污染的重灾区，因此亟待制定更加严格的环境法规和区域减排政策。[6]王艳红和段雪梅认为，可以从加强生态工业园区建设、建设清洁循环体系和能效标杆管理等方面实现低碳发展。[7]

此外，理论界还从产业规划、政府政策、产业配套、生态园区、产业开放、人才素质等不同视角，提出了具体的西部承接产业转移对策及措施。西部地区重点开发区应科学制订所承接产业的布局规划与政策，促进转入产业的集中布局，完善相关体制机制建设，发挥示范与引领作用。[8]应发展特色产业，完善配套能力，优化产业环境和绩效评价标准。[9]同时，要避免低水平、重复性、盲目化的承接产业转移的做法，要选择与自身产业发展相互补充、相互协调的产业，要着重从产业环境、资源配置等方面，形成承接产业转移的新优势。[10]应建立适合的网络关系

① 尹磊. 2010. 西部地区承接东部产业转移的相关问题及对策研究. 改革与战略, (7): 119-121.
② 朱涛, 邹双. 2013. 中西部地区承接产业转移的现状及其模式研究. 商业经济与管理, (12): 83-91.
③ 程李梅, 庄晋财, 李楚, 等. 2013. 产业链空间演化与西部承接产业转移的"陷阱"突破. 中国工业经济, (8): 135-147.
④ 邱婷. 2011. 污染密集产业转移承接地经济与环境协调的途径研究. 改革与战略, (11): 129-132.
⑤ 成艾华, 魏后凯. 2013. 促进区域产业有序转移与协调发展的碳减排目标设计. 中国人口·资源与环境, (1): 55-62.
⑥ 肖雁飞, 万子捷, 刘红光. 2014. 我国区域产业转移中"碳排放转移"及"碳泄漏"实证研究——基于2002年、2007年区域间投入产出模型的分析. 财经研究, (2): 75-84.
⑦ 王艳红, 段雪梅. 2017. 西部地区承接国际产业转移的低碳发展机制与路径研究. 生态经济, (5): 118-121.
⑧ 陈映. 2014. 西部重点开发开放承接产业转移的产业布局政策探析. 西南民族大学学报(人文社科版), (6): 113-116.
⑨ 孙久文, 胡安俊, 陈林. 2012. 中西部承接产业转移的现状、问题与策略. 甘肃社会科学, (3): 175-178.
⑩ 胡伟, 张玉杰. 2015. 中西部承接产业转移的成效——基于地理信息系统的空间分析方法. 当代财经, (2): 97-105.

体系，形成独特的"软件"优势，通过发挥政府的作用，吸引先进的产业转移。[1]在产业园区建设上，各承接产业转移示范区应实现差异化发展，并积极吸引外出务工人员回流。[2]西部地区政府应促进承接产业转移的合作治理，由模仿型向自主型转变，由被动型向互动型转变，由单一政府向区域性政府转变，并应创造良好的合作制度与环境。[3]

2.3 低碳经济与产业转移的内在逻辑

发展经济与生态环境保护是当前发展形势下最突出的一对矛盾，如何实现优化产业结构、促进经济发展与生态环境保护互惠互利是低碳经济视域下产业转移、承接产业转移急需解决的问题。

低碳经济与产业转移之间有其内在逻辑关系，二者是内在统一、相互促进的。如图 2-1 所示，低碳经济发展观念能够确保产业转移沿正确的方向发展，在产业转移过程中，需要遵循一种全新的低碳的发展模式，而科学的产业转移过程又是实现产业绿色转型、推进低碳经济建设的必要途径。具体来讲，产业转移促进了区域内 GDP 的增长，低碳经济发展保障了清洁能源结构的完善，而 GDP 的增长与清洁能源结构之间存在着协同、助推的关系，二者之间呈现均衡状态。GDP 的增长对清洁能源结构提出了优化需求，从而协同了清洁能源结构的调整，反之，产业利益差是促使产业转入的内在动力，产业在转移时会采用新技术提高能源的使用率以降低成本，从而调整清洁能源结构来助推 GDP 的增长。因此，产业转移与低碳经济二者共同促进地区经济的内涵式、可持续发展，低碳经济发展要求 GDP 增长承担其应有的生态责任，而清洁能源的使用及清洁能源结构的调整是发展低碳经济的保障。

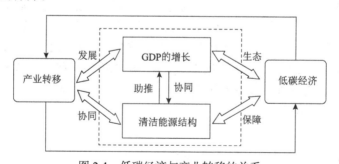

图 2-1 低碳经济与产业转移的关系

---

① 戴佩华. 2011. 基于关系嵌入的东部产业转移区域选择研究. 经济问题, (1): 65-68.
② 杨国才. 2012. 中西部产业转移示范区的实际功用与困境摆脱. 改革, (12): 83-89.
③ 罗若愚. 2012. 西部地区承接产业转移中政府合作治理模式及路径选择. 探索, (5): 69-74.

　　西部地区较东部地区而言其工业化、产业化水平较低，需要借助产业转移的有利机遇来带动经济、社会和文化的发展。然而，西部地区独特的地理区位与脆弱的生态环境，给产业转移过程中的环境保护与节能减排带来了巨大压力，所以产业转移过程的生态责任是承接地与转出地的首要任务。这就要求西部地区政府要将产业转移与实现低碳发展结合起来，在低碳经济理念指导下科学、合理、有序地承接产业转移。

　　综上所述，产业转移是一个多主体、多学科背景的复杂经济现象，研究难度较大。通过文献分析归纳，理论界对于产业转移的理论、动因和模式等已取得较为丰硕的成果，研究范围也突破了国别的限制，研究内容从局限于生产制造领域的研究，扩展到研发、技术、消费和服务等领域。然而，关于产业转移的研究，还存在一些需要进一步研究的领域和完善之处，主要表现在以下几个方面。

　　（1）对承接产业转移的系统要素研究不足。学术界基于经济学、国际贸易、产业组织等理论，从不同视角出发，对产业转移的概念、理论、问题、途径进行了多样化的研究，发现对于影响承接产业转移的系统要素、实现条件、绩效评价等方面研究较少，而系统环境创建与实现条件整合则是产业转移的关键环节；考虑产业转移"能否实现"的静态研究较多，而对转移产业如何成功发展、如何与当地社会融合发展的动态研究有待深入。

　　（2）对产业转移双方（多方）主体的协同研究需要加强。相关研究往往考虑转出方或承接方单方主体的行为和决策，如产业、企业、市场策等行为，而对双方（多方）主体之间协同推进产业转移进程、保证产业转移质量的研究，具体包括政府之间、企业之间、政企之间的合作机制、风险分担、利益分享、价值共创等方面的研究亟待加强。

　　（3）西部地区承接产业转移的研究应充分考虑生态问题。相关研究主要关注宏观方面的经济因素、产业因素，并通过产业性质、经济结构、消费市场、投资贸易等方面进行了具体探讨，而较少考虑西部地区生态和经济、资源与环境、政府和企业的协同，虽然认识到环境保护、生态园区的重要性，但对策和模式方面的研究偏于笼统。因此，立足低碳经济视域、生态视域开展西部地区承接产业转移的系统研究，值得进一步深入探究。

第 3 章

低碳经济视域下西部地区承接产业转移现状

通过第 1 章和第 2 章的介绍，人们可以对低碳经济视域下西部地区承接产业转移的研究背景和研究意义、研究方法和研究思路等内容有全面、系统的了解，进一步说明低碳经济是人类发展到一定阶段的必然产物，西部地区承接产业转移是推进我国区域协调发展的重要途径。本章主要从西部地区面临的生态困境、承接产业转移引致的生态困境两个方面诠释了西部地区承接产业转移的基本情况，并具体分析了重庆市承接产业转移的现状及问题。

3.1　西部地区面临的生态困境

我国西部地区物产富饶，但经济发展水平相对落后，在承接产业转移的过程中，资源浪费和环境破坏的现象日益严重，已严重阻碍西部地区生态化的进程，且在一定程度上阻碍了我国区域的协调发展。

3.1.1　生态保护任务艰巨

1. 生态环境的脆弱性

西部地区包括重庆、四川、陕西、青海、西藏、内蒙古等 12 个省（自治区、直辖市），地域面积大且自然资源丰富，但近年来生态涵养能力呈下降趋势。西部地区约占我国国土面积的 70%，按其生态状况，可分为西北干旱区、青藏高原区和华南湿润区这三大区域。[①]全国干旱少雨的地区多集中在西部，土壤沙化和侵蚀严重，沙尘暴频发，生态环境退化，如重庆就是全国八大石漠化严重发生地区之

---

① 张建斌. 2011. 西部地区承接产业转移过程中的环境规制问题研究. 内蒙古财经学院学报, (1): 92-96.

一和水土流失最严重的地区之一。《西部地区生态环境评价与分析报告》指出,西部地区在我国的生态环境系统中非常重要,但生态呈现出脆弱性的特征。[1]该报告通过建立指标体系,对西部地区的生态环境指数进行测评和排位,发现内蒙古、新疆、四川排名在前三位,但生态环境质量仍有待改善,而陕西、贵州、重庆排名则靠后,生态环境的保护和修复能力亟待提升。同时,该地区水资源利用状况令人担忧。虽然该地区水资源总量较大,但存在分布极不均匀、水质不良、过度开发的问题,已经严重制约了生态环境改善恢复和经济社会总体发展。[2]西北地区干旱缺水、西南地区水土流失严重,而且涵养能力不足,水资源短缺、水污染严重已成为限制西部地区发展的瓶颈。[3]

因此,虽然西部地区近年来经济增长迅速,增长率居于全国前列,但这种资源拉动型的发展方式,必然会导致生态环境承载力不足和自然修复力受损,加之面临水资源严重短缺、土壤荒漠化的严峻形势,难以为之后的新一轮发展和经济腾飞提供支撑。如果仍通过粗放式的方式,换取经济规模和数量上的增长,而不探索生态恢复和保护环境下的内涵式发展之路,则难以真正实现西部大开发的战略设想和宏伟目标。

2. 工业污染与能源消耗的严重性

基于区位、历史和自然原因,西部地区产业结构不尽合理。表 3-1 所示的2015 年部分地区三次产业地区生产总值情况来看,东部地区与中西部地区之间产业结构差异较大,东部地区第三产业发展迅猛,其中北京、上海、天津、广东的第三产业占比分别为 79.70%、67.80%、52.10%和 50.60%,说明东部地区的第三产业较为发达,而且北京和上海优势尤其明显。反观西部地区,甘肃第三产业比例较高,达到 49.20%,但经济总量较低,其他地区第三产业比例均较低,内蒙古、陕西、青海第三产业所占比例都在40%左右,与东部地区差距较大。同时,从第二产业占比来看,中西部地区第二产业占比较高,内蒙古、陕西占比超过 50%,青海占比也为 50%,第二产业占比偏高且其中多为污染集中型、劳动集中型制造业和重工业产业,产业水平相对落后,转型艰难,致使能源资源消耗严重,节能减排任重道远。

① 方兰, 王浩, 王超亚, 等. 2015. 西部地区生态环境评价与分析报告//姚慧琴, 徐璋勇, 安树伟, 等. 西部蓝皮书: 中国西部发展报告(2015). 北京: 社会科学文献出版社.
② 方兰, 王超亚, 王浩, 等. 2014. 西部地区水资源评价与分析报告//姚慧琴, 徐璋勇, 安树伟, 等. 西部蓝皮书: 中国西部发展报告(2014). 北京: 社会科学文献出版社.
③ 方兰, 王浩, 穆兰, 等. 2015. 西部地区水资源评价与分析报告//姚慧琴, 徐璋勇, 安树伟, 等. 西部蓝皮书: 中国西部发展报告(2015). 北京: 社会科学文献出版社.

表 3-1 2015 年部分地区三次产业地区生产总值情况

地区	地区生产总值/亿元	第一产业占比/%	第二产业占比/%	第三产业占比/%
北京	23 014.59	0.60	19.70	79.70
天津	16 538.19	1.30	46.60	52.10
上海	25 123.45	0.40	31.80	67.80
辽宁	28 669.02	8.30	45.50	46.20
安徽	22 005.63	11.20	49.70	39.10
山东	63 002.33	7.90	46.80	45.30
湖南	28 902.21	11.50	44.30	44.20
广东	72 812.55	4.60	44.80	50.60
内蒙古	17 831.51	9.10	50.50	40.40
陕西	18 021.86	8.90	50.40	40.70
重庆	15 717.27	7.30	45.00	47.70
四川	30 053.10	12.20	44.10	43.70
甘肃	6 790.32	14.10	36.70	49.20
青海	2 417.05	8.60	50.00	41.40
宁夏	2 911.77	8.20	47.40	44.40
新疆	9 324.80	16.70	38.60	44.70

资料来源:《中国统计年鉴 2016》

近年来,重庆注重调整产业结构,产业结构不断改善。2010 年,重庆 GDP 为 7925.58 亿元,而 2015 年达到 15 717.27 亿元,六年间 GDP 接近翻了一番,通过图 3-1 可知,重庆第一产业、第二产业占比呈不断下降趋势,而第三产业占比不断上升,从 2010 年的占比 36.4%提高到 2015 年的 47.7%,增长了 11.3 个百分点,产业结构调整效果显著,这既是重庆注重承接和发展高新技术产业与战略新兴产业的结果,也为进一步承接产业转移奠定了良好的产业基础和配套保障。

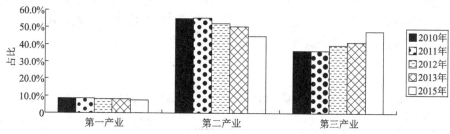

图 3-1 重庆 2010～2015 年三次产业变动情况

资料来源:《中国统计年鉴》(2012～2016 年)

表 3-2 反映了东部地区、中部地区、西部地区及东北地区部分污染物排放及储存情况，西部地区二氧化硫排放总量最大，其中工业二氧化硫排放量为 572.86 万吨，比东部地区、中部地区分别多出 108.03 万吨、199.05 万吨。二氧化硫是形成酸雨的主要原因，进而对生态系统造成损坏，因此西部地区二氧化硫排放量迫切需要降低。从一般工业固体废物倾倒丢弃量来看，西部地区达到 39.70 万吨，东部地区仅为 1.15 万吨，中部地区为 5.04 万吨，西部地区倾倒丢弃量约是东部地区的 35 倍、中部地区的 8 倍，而这些工业固体废物是经过回收利用和处置之后丢弃的，无法再进行利用和处理，这样大的倾斜丢弃量使西部地区大气、水资源和土壤受到严重污染和侵蚀，对生态环境造成难以修复的严重破坏。从危险废物储存量来看，西部地区也是居高不下，达到 684.99 万吨，约是东部地区 85.70 万吨的 8 倍、中部地区 37.16 万吨的 18 倍，这样高的危险废物储存量，对西部地区生态环境造成的潜在危害令人担忧。

表 3-2　2015 年东、中、西部及东北地区部分污染物排放及储存情况　　单位：万吨

地区	二氧化硫总排放量	工业二氧化硫排放量	一般工业固体废物倾倒丢弃量	危险废物储存量
东部	548.34	464.83	1.15	85.70
中部	441.99	373.81	5.04	37.16
西部	689.99	572.86	39.70	684.99
东北	178.80	145.24	9.86	2.45

资料来源：《中国环境统计年鉴 2016》

四大直辖市是我国东西部地区的中心城市，也是区域经济的重要增长极，从其废气中主要工业污染物排放情况来看（表 3-3），重庆在工业二氧化硫、工业氮氧化物和工业粉（烟）尘的排放量在四个直辖市中最高，其中工业二氧化硫排放量达到 42.68 万吨，约是北京排放的 19 倍、上海的 4 倍、天津的 3 倍，工业氮氧化物、工业粉（烟）尘的排放量则约是北京的 6 倍和 15 倍。作为西部地区唯一的直辖市和全国中心城市，在《西部大开发"十三五"规划》中，给予重庆的战略定位是着力打造西部开发开放的重要战略支撑，强调重庆等西部地区要有序推进国家生态文明先行示范区建设。然而，目前重庆工业污染物的排放形势不容乐观，给生态环境保护、生态文明示范区建设带来了严峻挑战，如果在承接产业转移中忽略生态标准、忽略低碳经济建设，则不但会形成叠加循环的恶性生态破坏效应，而且会直接影响要转入产业转移的选择意愿。

表 3-3　2015 年四大直辖市废气中主要工业污染物排放情况　　单位：万吨

直辖市	工业二氧化硫排放量	工业氮氧化物排放量	工业粉（烟）尘排放量
北京	2.21	2.69	1.30
上海	10.49	12.15	11.14

续表

直辖市	工业二氧化硫排放量	工业氮氧化物排放量	工业粉（烟）尘排放量
天津	15.46	15.02	7.38
重庆	42.68	15.91	19.64

资料来源：《中国统计年鉴 2016》

从 2016 年全国节能降耗情况来看，单位 GDP 能耗比下降了 5.0%。[1]这项工作取得了突出成效，完成了预期目标，但区域之间降耗情况并不平衡。通过表 3-4 的数据可知，2016 年北京万元 GDP 能耗为 0.2835 吨标准煤，达到全国最低水平，这也是该市加大监管力度、推进节能减排投入和新能源开发利用的结果，东部大省浙江万元 GDP 能耗为 0.4400 吨标准煤，也处于较低水平。反观西部地区的云南、青海、新疆等地形势不容乐观，能耗量处于全国较高水平，分别为 0.7170 吨标准煤、1.5747 吨标准煤、1.6727 吨标准煤，与处于最低水平的北京相比差距较大，说明西部地区要实现 GDP 的增长，则要消耗更多的能源，随之带来排放增大和污染强度加大，从而为发展付出更高的代价。

表 3-4　2016 年部分地区万元 GDP 能耗情况　　单位：吨标准煤

地区	万元 GDP 能耗
北京	0.2835
浙江	0.4400
云南	0.7170
青海	1.5747
新疆	1.6727

3.1.2　生态观念滞后

生态观念的滞后性主要表现在以下两方面。

（1）资本的趋利性致使企业过于追求利润最大化。趋利性是资本有别于其他生产要素的本质特征。[2]无论出于何种原因的产业转移，追求利润的最大化都是最终目的之一，资本的流动过程实际上是成本与收入之间的博弈过程，因此其倾向

---

① 国家统计局. 2017-02-28. 中华人民共和国 2016 年国民经济和社会发展统计工报.
② 耿诺. 北京绿色经济指数全国第 6　深圳三亚海口为前三. http://bj.people.com.cn/n/2014/1222/c82839-23297654.
html[2017-05-06]; 孙咏梅. 2006. 从趋利性看资本效率与社会公平的矛盾. 当代经济研究, (1): 46-49.

于流向支付低成本、获取高收入的地区。然而，资本在追求最大利润的同时必然会产生许多矛盾，其中利益与环境之间的矛盾就是一个突出问题。西部地区经济的快速增长，支付了资源能源过度消耗和生态环境牺牲的代价，不同资本围绕利益、利润而展开的无序竞争，使资源和环境受到了严重破坏。[①]当利益获取与环境保护之间发生冲突时，企业往往会选择前者。

（2）社会公众的生态意识薄弱。西部地区承接产业转移可能会直接或间接影响社会公众的利益和生活质量，公众可通过表达诉求、参与听证等方式参与到西部地区承接产业转移的过程之中。因此，社会公众的生态意识不仅是西部地区承接产业转移的内在要求，而且是产业转移生态价值实现的有力保障。在实际生活中，社会公众的生态意识较为薄弱，在产业转移带来就业机会、收入增加、硬件完善、文化生活丰富与承接的产业会破坏生态环境之间，往往只看到有利的一面或暂时生活质量的改善，但忽视生态环境的破坏将会对生活质量和身体健康带来的不利影响。例如，位于青藏高原腹地的三江源，拥有完善的生态系统和优美的生态环境，但由于人们缺乏环保意识，为了改善经济状况，无节制地过度放牧、乱砍滥伐等，该地区的生态环境急剧恶化，生态系统遭到人为破坏，土地荒漠化日趋严重。

3.2 承接产业转移引致的生态困境

3.2.1 产业转移中承接产业的低端性

依据前文的文献分析，梯度模式是产业转移的基本模式，转移方向表现为"发达地区→较发达地区→欠发达地区"。发达地区转出的产业多为技术含量低、能源消耗大、减排成本高的处于产业链低端的产业或污染密集型产业，其出发点一方面是被动转出，即通过低端产业转出而缓解本地的能源紧缺状况，并转嫁环境污染压力；另一方面是主动转出，即通过淘汰型、劳动密集型产业的转出，实现产业升级换代和产业结构优化，即"腾笼换鸟"，为高新技术产业和高端产业的培育、引入及发展提供空间。发达地区主要是把一些资源消耗型、非核心技术的低端产业转移到西部地区，如广东明确将影响环保及节能的火电、纺织、石化等产业列入转出清单，而四川则承接了较多的重化工企业，导致空气污染较为严重。[②]因此，西部地区承接这样的产业转移也是一种污染源的转入，必然会给当地生态环境带来一定的破坏。

外资投入表明了西部地区承接国际产业转移的基本情况，表 3-5 的数据显示，

① 孙咏梅. 2007. 资本效率理论与产业增长. 北京: 经济科学出版社.
② 邓丽. 2012. 基于生态文明视角的承接产业转移模式探索. 吉林大学社会科学学报, (5): 106-111.

截至 2015 年，东部外资企业数为 700 587 家，占全国 84%，实际使用的累计外资额为 13 991 亿美元，占全国 85%；中部外资企业数为 87 443 家，占比 10%，实际使用的累计外资额为 1 339 亿美元，占比 8%；西部外资企业数为 48 374 家，占比 6%，实际使用的累计外资额为 1093 亿美元，占比 7%。西部地区无论是从外资企业数还是实际使用的累计外资额都处于最低水平。

表 3-5　截至 2015 年东部、中部、西部地区吸收外资情况

项目	外资企业数/家	占比/%	实际使用的累计外资额/亿美元	占比/%
总计	836 404	100	16 423	100
东部	700 587	84	13 991	85
中部	87 443	10	1 339	8
西部	48 374	6	1 093	7

资料来源：《中国外商投资报告》（2016 年）

从表 3-6 所示的 2015 年外商行业分区域投资情况来看，与东部地区相比，中西部地区外商投资领域较为单一，主要以制造业、房地产业为主，尤其是制造业在这两大区域占比最大。而且，东中部地区外商投资制造业呈下降趋势的情况下，西部地区外商投资的制造业仍在增多，以制造业为主的外商行业进入，在一定程度上会加重中西部地区的能源资源负担。这表明，外商投资西部地区的行业趋势是制造业占比在上升，服务业占比在下降，这对于西部地区发展现代产业体系比较不利。同时，应注意到有利的一面，2015 年西部地区外商投资行业中金融业排第三位，其占比达到 10.47%，一些大型项目也投资到重庆、四川、陕西等地，这说明西部地区正通过谋求国外金融业的引入，提振现代服务业的发展，达到产业结构升级的目的。

表 3-6　2015 年外商行业分区域投资情况　　　　　单位：%

地区	外商投资行业主要领域	占本区域行业占比	分行业占比
东部	制造业、房地产业、金融业、批发和零售业	75.42	
中部	制造业、房地产业	72.34	制造业：46.76
西部	制造业、房地产业、金融业	71.42	制造业：31.38

资料来源：《中国外商投资报告 2016》

3.2.2　产业转移中承接方式的传统性

西部地区仍然处于工业化进程的初级或中级阶段，仍处于"爬坡"阶段，具

有经济发展水平不高、产业结构不尽合理、产业体系不够健全、综合配套能力相对较弱等特点，加之受到固有观念的影响，西部地区承接产业的方式趋于传统，基本上是以承接利用本地资源能源、廉价劳动力的产业项目居多，而承接真正具有较强带动和辐射能力、技术创新能力和研发能力的战略新兴产业项目较少，而且主要属于低附加值和低技术含量的生产环节，通过低成本优势获得利润的方式，对西部地区提升经济效益并无太大贡献。

目前，虽然西部地区已经建成不少的产业园区，如重庆两江、甘肃兰州、陕西西咸、四川天府、贵州贵安、云南滇中等国家级新区，以及重庆、陕西、四川等自由贸易试验区，激发了西部地区的创新动力和市场活力，在推动经济和社会发展中发挥了重要作用。然而，这些产业园区在建设过程中仍存在许多问题，如园区定位不明确、缺乏综合配套的产业链、基础设施建设不完善、物流体系滞后等，使得当地承接的一些先进企业不能真正实现落地发展。部分西部地区的政府为吸引更多企业转入，不断加大招商引资力度，出台了一系列优惠政策及配套文件，但忽略了产业自身的技术、环保和产业链整体发展的要求，致使一些低水平、重复型、污染型的产业落户西部地区，加之西部地区自身的产业配套能力、高端研发能力、技术人才储备不足等原因，转入企业很难实现升级改造，更难以融入区域产业链的整体发展，这不但造成了污染的转入，还给本地产业升级制造了障碍。

综上所述，随着产业转移浪潮的不断推进，加之西部地区自身的主客观原因，一些发达地区转入产业带来的环境污染已呈现出向西部地区转移的趋势，因此西部地区将会成为新的产业污染集中地。西部地区在承接产业转移的过程中，应该秉承生态优先、绿色发展的理念，运用低碳经济思维和决策方法，摆脱生态困境，探索走出一条低碳承接之路。

3.3 重庆市承接产业转移的现状及问题

在西部大开发战略的指引下，重庆市积极推进承接产业转移的步伐，为经济腾飞做好准备。目前，在低碳经济背景下，重庆市承接产业转移呈现出了一些具体的特点，也凸显出一些需要实际解决的问题。

3.3.1 重庆市承接产业转移现状

1. 承接国际产业转移的现状

承接国际产业转移可以借助外商投资的项目和资金来进行分析，近年来重庆市利用外资规模不断扩大，外商投资的金额增长较快，外商投资结构也不断完善。

由表 3-7 可知，2018 年重庆实际使用外资额达 102.73 亿美元，比 2017 年实际使用外资额增加 0.90 亿美元，增长率为 0.90%。其中，外商直接投资额为 32.50 亿美元，比 2017 年增加了 10.30 亿美元，增长率为 43.8%。2018 年，重庆新签订外资项目为 232.00 项，比 2017 年减少了 6 项，下降了 2.5%。2018 年，重庆合同外资额达 90.75 亿美元，比 2017 年增加了 52.43 亿美元，增长率为 136.80%。截至 2018 年底，世界 500 强企业中有 287 家落户重庆，比 2017 年增加了 8 家。数据表明，重庆外商投资的数量和质量都有明显提升。

表 3-7　2017 年、2018 年重庆外商投资情况

指标	2017 年	2018 年
实际使用外资额/亿美元	101.83	102.73
增长率/%	−10.20	0.90
外商直接投资额/亿美元	22.20	32.50
增长率/%	−20.40	43.80
新签订外资项目/项	238.00	232.00
增长率/%	6.30	−2.50
合同外资额/亿美元	38.32	90.75
增长率/%	−4.40	136.80
累积世界 500 强企业落户/家	279.00	287.00

资料来源：《2017 年重庆市国民经济和社会发展统计公报》《2018 年重庆市国民经济和社会发展统计公报》

表 3-8 表明，与上海相比，重庆、内蒙古、甘肃等西部地区在外商直接投资额和新签订外资目的数量上差距比较悬殊。2018 年，上海外商直接投资额达到 173.00 亿美元，而重庆为 32.50 亿美元，甘肃仅为 0.50 亿美元，虽然重庆的增长率为 43.80%，但上海外商直接投资额是重庆的 5.3 倍。从新签订外资项目的数量看，上海高达 5597 项，而重庆仅有 232 项，内蒙古、甘肃则更少，这说明东部地区仍是外资项目进入的主要选择，西部地区引进外资项目处境艰难。此外，《2018 年上海市国民经济和社会发展统计公报》显示，在外商分产业投资中，上海的第三产业投资比重较大，2018 年外商直接投资实际到位资金为 154.55 亿美元，占全年外商直接投资实际到位金额的 89.3%，比重庆、内蒙古、甘肃三地外商直接投资的总和还要多，这充分说明东部地区对外商投资的吸引力依然很大。

表 3-8 2018 年部分地区外商投资情况

指标	上海	重庆	内蒙古	甘肃
外商直接投资额/亿美元	173.00	32.50	31.60	0.50
增长率/%	1.70	43.80	0.30	15.70
新签订外资项目/项	5597	232	61	16

资料来源:《2018 年重庆市国民经济和社会发展统计公报》《2018 年上海市国民经济和社会发展统计公报》《2018 年内蒙古自治区国民经济和社会发展统计公报》《2018 年甘肃省国民经济和社会发展统计公报》

2017 年重庆外商直接投资分产业投资情况如表 3-9 所示,签订项目数为 433 项,外商直接投资金额为 364 335 万美元。分产业比较,签订项目数分别为第一产业为 6 项、第二产业为 53 项,第三产业为 179 项,外商直接投资金额分别为 46 万美元、27 154 万美元、194 805 万美元。可见,第一产业签订项目数和外商直接投资金额很少,基本可忽略不计。第二产业与第三产业相比,无论是签订项目数还是外商直接投资金额都有较大差距,第三产业外商直接投资金额是第二产业的 7 倍多,说明第三产业已经成为重庆承接外商投资的主要领域。

表 3-9 2017 年重庆外商直接投资分产业投资情况

指标	签订项目数/项	外商直接投资金额/万美元
总计	433	364 335
第一产业	6	46
第二产业	53	27 154
工业	49	27 104
第三产业	179	194 805
批发和零售业	49	23 081
租赁和商务服务业	47	62 812
金融业	21	42 083
住宿餐饮业	10	414
房地产业	6	43 686
软件和信息技术服务业	13	5 841

数据来源:《重庆统计年鉴 2018》

分行业比较,重庆工业的外商直接投资金额达 27 104 万美元,占第二产业的 99.8%,说明工业是第二产业投资的主体,因其产生大量的能源资源消耗和废物排放,有可能成为国际污染源转移的载体。第三产业中,批发和零售业、租赁和商务服务业签订项目数较多，分别为 49 项和 47 项；按投资额排序，分别为租赁和商务服务业为 62 812 万美元、房地产业投资为 43 686 万美元、金融业为 42 083 万美元、批发和零售业为 23 081 万美元，租赁和商务服务业的外商直接投资金额遥遥领先。软件和信息技术服务业签订项目数只有 13 项，外商直接投资金额为 5841 万美元，处于相对弱势地位，这对重庆通过承接软件与信息技术服务业来实现产业转型升级提出了挑战。

近年来，重庆大力发展软件和信息技术服务业，打造云计算产业园、做大做强 IT 产业，全球电脑品牌惠普、宏基和华硕落户重庆，逐渐建成全球笔记本电脑基地，实现了笔记本电脑产业集群。然而，重庆软件和信息技术服务业结构过于单一，过于依赖笔记本电脑产业集群的拉动作用，而该产业的产品线、产值并没有体现出多大优势，一旦发生国际风险或国际产业结构调整，或者技术创新加速产品升级换代，则重庆软件和信息技术服务业将会遭受严重打击。因此，在低碳经济视域下，软件和信息技术服务业作为战略新兴产业，重庆仍须大力发展，并由规模向质量提升，由制造向创新提升，在发展笔记本电脑的同时，加强打印机、交换机、显示器、手机、平板电脑等产品线的研究生产，形成多中心布局的新型软件和信息技术服务业产业结构。

重庆引入国际大型项目较多，世界 500 强落户数量逐年增加。例如，法国能源巨头苏伊士环能集团能源服务的著名品牌科菲利落户重庆，为本地企业进行合同能源管理服务，并投资 3 亿元为企业节能减排。[①] 页岩气作为一种新型清洁能源，重庆的储量非常丰富，居全国第三位，已经发展成为新兴的产业集群，为了促进页岩气产业的发展，重庆引入斯伦贝谢（Schlumberger）公司开展技术合作，该公司是全球最大油田技术服务企业，技术实力雄厚，开发经验丰富，这样的国际合作有利于改善重庆的能源结构，提升节能减排效率。

此外，借助"一带一路"倡议和长江经济带建设的宝贵机遇，重庆加大市场开放程度，不断加强配套能力建设，提升了对外商投资项目的吸引力。例如，2016 年，中新（重庆）战略性互联互通示范基地签约了第二批的 25 个重点项目，包括金融、航空、物流、信息四大产业领域，投资总金额达 65.8 亿美元。这些产业多属现代服务业和先进制造业，具有能源资源消耗低、排放低、污染小的特点，表明重庆开始注重在生态、低碳的理念下，科学有力地承接国际产业转移。

2. 承接国内产业转移的现状

如表 3-10 所示，在承接国内产业转移方面，2017 年重庆实际利用内资项目为

---

① 刘贤. 苏伊士"结姻"渝企 布局中国区首个能源服务点. http://finance.chinanews.com/ny/2013/04-25/4765471.shtml [2017-12-11].

3.46 万个，实际利用内资额达 9682.36 亿元，增长率为 3.60%。由此可见，虽然重庆 2017 年实际利用内资额有所增长，但是项目数却呈下降趋势，这可能与重庆调整经济结构、从扩大增量向优化存量转变有关，也表明重庆更加注重在内资项目利用上的提档升级。

表 3-10　2017 年重庆实际利用内资情况

实际利用内资项目/万个	增长率/%	实际利用内资额/亿元	增长率/%
3.46	−2.80	9682.36	3.60

资料来源：《2017 年重庆市国民经济和社会发展统计公报》

　　近年来，重庆市内资利用持续增长，吸引内资总量不断增加。如表 3-11 所示，从 2011 年的 4919.84 亿元上升到 2017 年的 9682.36 亿元，六年间增加了 4762.52 亿元。从其来源区域看，东部地区、中部地区、西部地区三大区域对重庆的投资数额呈上升趋势，但东部地区投资最多，从 2011 年的 3489.14 亿元增加到 2017 年的 6268.31 亿元；其次是西部地区，从 2011 年的 931.34 亿元增加到 2017 年的 2305.93 亿元；最后是中部地区，从 2011 年的 499.36 亿元增加到 2017 年的 1108.12 亿元。三大区域对重庆的投资趋势是东部投资占主体地位，但就投资年均增长率来看，西部地区最高，达到 13.83%，其次是中部地区为 12.06%，东部地区最低为 8.73%，说明西部地区对重庆的投资额在显著增加。

　　从产业类别投资规模看，2017 年重庆三大产业实际利用内资项目的顺序是第三产业、第二产业、第一产业。其中，第一产业内资投资额最少，仅为 552.16 亿元；第二产业内资投资额从 2011 年的 2207.34 亿元增长到 2017 年的 4103.33 亿元，总体上也呈增长趋势；第三产业内资投资额相比第一、第二产业，投资总量明显更大，从 2011 年的 2552.63 亿元上升到 2017 年的 5026.87 亿元。依据《重庆统计年鉴2018》发布的数据，第三产业中内资投资额最大的是房地产业，达到 2471.64 亿元，占第三产业的 49.2%，之后是批发和零售业、交通运输、仓储和邮政业等行业，过高的房地产业投资不利于重庆构建现代产业结构，也给节能降耗带来了不小压力。

表 3-11　2011～2017 年重庆市实际利用内资项目资金分类利用情况　单位：亿元

年份	合计	按资金来源区域分			按产业分		
		东部	中部	西部	第一产业	第二产业	第三产业
2011	4919.84	3489.14	499.36	931.34	159.87	2207.34	2552.63
2012	5914.64	3998.80	568.99	1346.85	228.38	2713.96	2972.30

续表

年份	合计	按资金来源区域分			按产业分		
		东部	中部	西部	第一产业	第二产业	第三产业
2013	6007.20	4134.73	588.61	1283.86	240.96	2381.43	3384.81
2014	7246.89	4791.29	676.05	1779.55	339.94	2980.38	3926.57
2015	8530.13	5476.30	964.81	2089.02	402.09	3487.38	4640.66
2016	9345.04	5822.48	1165.80	2356.76	483.39	3725.42	5136.23
2017	9682.36	6268.31	1108.12	2305.93	552.16	4103.33	5026.87

资料来源：《重庆统计年鉴 2018》

3.3.2　重庆承接产业转移存在的主要问题

重庆在积极承接国内外产业转移方面取得了显著成绩，引进不少国际知名企业，为重庆经济发展做出了贡献。同时，在低碳经济背景下，重庆承接产业转移也面临一些问题，主要体现在以下方面。

（1）低碳理念尚未凸显。承接产业转移是一项系统工程，涉及的因素和环节众多，需要全市一盘棋，通盘考虑承接产业转移工作，实现在承接产业转移过程中经济发展与生态优化的"双赢"或一体化。因此，《国务院关于中西部地区承接产业转移的指导意见》（国发〔2010〕28 号）强调指出，要加强资源节约和环境保护，严把产业准入门槛，推进资源节约集约利用，这为西部地区承接产业转移提出了总体纲领和政策保障。关于低碳经济发展，重庆也出台与制定了相关文件和规划，强调重庆应坚持走生态优先、绿色发展之路，发展绿色低碳循环经济。可见，重庆对于发展低碳经济、建设生态文明非常重视，相关政策、规划对于在低碳经济理念下承接产业转移具有很好的指导作用。但是，目前依然存在片面强调经济增长、对低碳经济总体认识程度不高的问题，把发展低碳经济局限在片面地追求降低碳排放量上。

同时，对承接产业转移缺乏总体推进、综合协调，涉及多个部门管理，因此在承接产业转移过程中的决策制定、政府审批、企业生产经营、产业链条等环节未能形成承接合力，未能环环相扣、紧密衔接地传导低碳经济理念和执行低碳经济标准。由此，重庆在承接产业转移的过程中，应该加强低碳理念、低碳标准的全流程、全要素、全产业链覆盖，让各个参与主体都能自觉践行低碳理念，推进整个承接产业转移系统实现低碳化、生态化运转。

（2）引资结构不均衡。一是国际与国内引资结构不均衡。重庆承接的国际产业转移相对于国内产业转移项目而言，相对较少。依据前文分析，2016年重庆实际使用外资800多亿元，而实际利用内资达9300多亿元，内外资之间利用额度差较大，内资利用是外资利用的近12倍，这说明重庆利用内资的能力远高于利用外资的能力，承接产业转移的开放度相对较低，内陆地区的特征明显。二是产业之间引资结构不均衡。通过表3-9可知，第二产业外商直接投资额中工业占比较大，一般都是劳动密集型产业或淘汰型产业，处于产业链底端，技术含量较低，产业附加值不高。同时，内资利用中第二产业中制造业投资占比最高，第三产业中房地产业内资利用量最大，而现代服务业、信息技术产业、金融业等低能耗行业偏低，总体上不利于重庆的低碳发展。三是技术领域之间引资结构不均衡。重庆企业一般仅能为引入的国际国内产业项目提供人力、配套生产和简单技术，难以引进学习先进信息技术、高新技术、低碳环保技术，致使本地企业研发技术、生产技术、减排技术升级难度较大，如重庆机器人及智能装备产业在技术引进方式方面，仍以传统的技术购买为主。重庆两江新区、永川、璧山、大足等地有机器人企业60多家，具有代表性的企业包括重庆广数机器人有限公司、重庆华数机器人有限公司、川崎重庆机器人工程有限公司等，也有中国科学院重庆绿色智能技术研究院、重庆大学这样的机器人专业研发机构，机器人及智能装备产业基本成形。但是，机器人关键核心技术主要由德国库卡（KUKA）股份公司、日本安川电机株式会社、瑞士ABB集团等少数外国企业掌握，90%的份额被外国企业占有，95%以上的国内企业只能做系统集成这样相对简单的工艺，关键核心技术的缺乏，已成为制约重庆机器人产业发展的严重瓶颈。[①]四是区域之间引资结构不平衡。重庆市中心发达区域因其区位优势、技术优势、人才优势等因素，吸引的沿海企业投资总量最大，约占重庆承接总量的80%，而欠发达地区只能承接一些劳动密集型、生态旅游产业，承接总量约在20%，因此市内区域之间承接产业转移差距较大且发展非常不平衡，这成为重庆在发展低碳经济、承接产业转移中的重要阻碍。

（3）综合支撑能力不足。一是政策环境亟待改善。重庆出台了一系列招商政策、财税政策、土地政策和园区政策，为承接产业转移奠定了较好的基础。然而，在承接高新技术、战略新兴产业、信息产业、机器人及智能装备业、现代服务业等产业政策方面，仍存在对接不足、落实不够，以及超常规、高效能的引资、引技、引智措施针对性不强的问题。二是配套能力欠缺。近年来，重庆虽然交通条件有了很大改善，但是物流成本与东部地区、中部地区相比仍然居高不下，而转入产业要发展必须考虑物流成本和零部件运输成本，使沿海先进产业难以下定决心转出该地。同时，由于集群优势与资源要素优势并不突出，发达地区产业转入后寻找配套企业、寻求集群和产业链的支持也较为困难，特别是对智能制造产业、软件产业、环保产业来说更为明显。此外，缺乏具有国际经验、全球视野的高级经营管理人才、翻译人才、谈判人才、法律人才，市场机制运转不够规范，承担跨境结算、离岸金融的业务经验不足等，也制约了高端产业的引入和发展。

---

① 黄光红. 2015-06-20. 重庆机器人产业欲破关键核心技术瓶颈. 重庆日报, (03).

第 4 章
低碳经济视域下西部地区承接产业转移的影响因素
与系统实现条件

研究西部地区在低碳经济视域下如何充分利用自身的条件与优势，科学、合理、有效地承接产业转移，实现产业的跨越式发展与低碳发展，具有重要的理论与现实意义。本章主要从西部地区承接产业转移的影响因素、系统实现条件两个方面展开论述。

4.1 西部地区承接产业转移的影响因素

承接产业转移作为一个大系统，其影响因素众多，具体来说，可从承接地因素与转出地因素两方面予以分析。其中，承接地因素对影响西部地区承接产业转移成效最为明显与突出。因此，本章将从承接地政府与承接地产业的视角出发，对影响西部地区承接产业转移的各因素进行深入分析。

4.1.1 政府和产业层面：生态环境保护与产业低碳发展

1. 生态环境保护

在产业转移过程中，有些承接地只顾当地的经济发展，忽视了生态环境保护，从而出现了环境破坏与生态失衡的不良局面。在绿色发展理念指引下，西部地区承接产业转移要重点考虑资源能源节约利用、生态环境保护等因素，立足资源承载力和生态环境容量，推动产业发展与生态环境协调发展。因此，需要从以下两个方面入手。

一是制定承接产业的准入标准。在低碳经济视域下西部地区所承接的产业，必须与西部地区生态功能定位相一致，禁止承接落后产能和高污染产业，重点承接有利于西部地区可持续发展的产业，如低碳产业、战略新兴产业、现代服务业、高科技产业等。在考虑生态环境成本的前提下，根据承接产业的实际情况进行筛选与取舍，使所承接的产业达到本地节能环保标准，已达到节能环保标准的产业则要进一步提升生态效益。

二是加大生态环境的保护力度，提高资源节约利用水平。前文已经分析了西部地区面临的生态困境，如沙漠化和水土流失严重导致土地资源利用度较低。因此，西部地区在承接产业转移过程中，尤其要注重对土地资源的保护，防止侵占大量农田和耕地。同时，要求所承接产业采用清洁生产技术，降低能源强度，提升单位能耗的生产总值。在产业园区中，要强化生态规划和污染整治力度，运用循环生产工艺实现产业副产品和废弃物的循环利用。西部地区生态环境的改善，可以为实现低碳化承接产业转移提供良好的条件和奠定坚实的基础。

2. 产业低碳发展

西部地区在低碳经济视域下承接产业转移，应更加注重当地产业与承接产业的低碳发展，并以产业体系的低碳发展吸引发达区域先进产业持续转入，有助于提升西部地区产业的低碳化水平，形成"低碳产业体系→吸引先进产业→低碳产业体系提升"的良性循环和螺旋式上升，有助于减轻环境污染与生态损害，破解能源和资源瓶颈，促进"两型社会"的建设。低碳经济发展的核心是低碳产业[1]，因此西部地区发展低碳产业是提升核心竞争力的重要战略举措。总体来看，影响西部地区低碳产业发展最为关键的两个因素是低碳技术水平和政府导向作用。

低碳技术研发和运用水平是低碳产业发展的关键，必须加强对低碳技术的研发。企业是低碳产业发展的具体执行者和直接参与者，是低碳技术创新的主体，承载着低碳经济建设的责任与使命，因此对产业低碳发展具有重要意义。[2]西部地区在承接产业转移过程中，企业要大力发展低碳技术，实现低碳技术创新、开发、整合与推广应用，提高自身的低碳竞争力，具体包括脱硫技术、临界与超临界技术、碳捕获存储技术、清洁能源技术等。西部地区依据各地不同情况，应差异化发展低碳技术产业，如重庆两江国际汽车城的定位就是低碳汽车产业，主要生产新能源汽车、环保型发动机等产品，不断提升低碳化水平。此外，制定与实施低碳标准，提高企业生产节能产品、能效标识产品的研发创新能力，培养低碳文化、低碳意识与低碳价值观，担负起实现低碳发展的使命。

---

① 朱有志，周少华，袁男优. 2009. 发展低碳经济 应对气候变化——低碳经济及其评价指标. 中国国情国力，(12): 4-6.

② Wu L, Yun J. 2014. Low-carbon technology innovation of Chinese enterprises: current situation and countermeasure research. Journal of Chemical and Pharmaceutical Research, 6(3): 818-823.

要在承接产业转移中实现低碳发展，西部地区政府应创造良好营商环境，引导产业由粗放、高碳向集约、低碳转型。此外，根据地区发展的不同形式和特征，制订低碳产业发展战略规划，建立科学的低碳产业管理体制，提升产业低碳竞争力。

4.1.2　政府层面：承接政策、政府职能与承接力度

1. 承接政策

西部地区在承接产业转移过程中制定政府政策时，应以国家战略与地方战略规划为指引，结合区域资源能源条件和优势，科学、规范、有序地承接产业转移，在实现自身目标的基础上，使转入产业能够可持续发展。承接地政府制定与实施有效、合理的产业承接政策，有助于实现产业转移双方的发展目标，促进区域内各产业平稳、持久、均衡发展。《国务院关于中西部地区承接产业转移的指导意见》就是指导西部地区承接产业转移的指引性政策，为西部地区制定政策指明了方向，强调发挥市场的导向作用，并立足自身比较优势，确定重点承接产业，遏制低水平、重复型的产业进入，建立绿色、低碳的产业承接体系。

为进一步改善投资环境，西部地区政府应认真贯彻落实国家相关政策和规划精神，积极推进与承接产业转移有关的土地、财税、金融、投资、贸易、人才、科技等方面的政策制定与实施，可按照中央关于西部地区承接产业转移的相关政策与规定执行。

2. 政府职能设置

承接地的政府职能设置直接关系到承接产业转移的质量，如职能是否清晰、分工是否明确、体制是否顺畅、服务是否高效，这些方面都会对转入产业做出的判断和决策产生重要影响。因此，西部地区政府要按照责任型、生态型、服务型、高效型政府的建设目标，推进政府转型，提高政府效能。尤其是针对承接产业转移中相关的政府职能，要进行重组或整合，简化审批流程，缩短审批时间，减少对产业转移活动的过多、过度干预，同时要加强该过程中的政策支持、方向引导和社会服务功能。此外，要着重发挥政府的组织职能，把承接产业转移列入政府计划和规划之中，建立统一协调部门和部门间议事协调机构，保障在承接产业转移的过程中部门之间能够有效配合、政策能够及时落地、问题能够有效解决，从而激发承接产业转移的活力。

目前，西部地区的市场机制尚未充分发挥资源分配、利益调节的功能，企业自身发挥作用的空间有限，政府依然是承接产业转移的主体，这给承接产业转移带来了一些问题。首先，一些政府为单纯追求经济增长，缺乏产业承接标准，对

转入的产业也缺乏基本的评估和判断，承接了与本地产业关联度低及部分污染型产业，这给产业体系发展升级、实现绿色发展带来了阻碍。其次，在产业承接过程中，一些地方政府定位不准确、政府职能过于集中，而且主动意识、担当意识和服务意识不够高，难以处理好产业转移中遇到的突出矛盾和问题，影响了承接产业转移的质量和效果。最后，西部大开发战略给西部地区承接产业转移带来了重要机遇，但西部地区政府的谈判能力、议价能力有些不足，导致一些先进产业不愿转入，或转入后又迁往其他区域，在一定程度上也影响了政府的形象。

3. 政府承接力度

承接力度代表西部地区承接产业转移的决心，是确保产业承接数量和质量的保障，而招商引资情况可以反映出政府的承接力度。招商引资是引入补链产业、实现增量发展的有效方式，是推进西部地区产业结构升级的关键性因素。[①]近年来，西部地区招商引资力度不断加大，产业承接有序开展，促进了经济发展速度和质量双提升。但是，在招商引资过程中仍然存在一些问题，如交通运输能力有限、物流成本高、区域间引资结构不平衡、缺乏战略性设计等。因此，第3章通过分析西部地区承接国际、国内产业转移情况可以看出，相较于东部地区，西部地区在引进外商投资中不仅落差较大，而且在引进产业的类型上以资源密集型制造业为主，这与政府承接产业转移的力度不大和战略规划不足有直接的关系。

4.1.3 产业层面：配套能力、准入条件与低碳标准

产业要实现顺利转移，需要产业承接地创造良好的产业发展环境与配套条件。在承接产业过程中，承接地要积极创造转移企业所需的良好环境及基础条件，充分发挥能源、资源、成本和劳动力优势，不断弥补产业体系的薄弱环节，并以优势、特色产业为核心，利用全产业链和产业集群为转移产业提供支撑。同时，要围绕转入的重大项目、关键技术项目，促进其配套企业、零部件加工企业的集聚，以培育新型产业集群，带动西部地区产业体系不断完善，从而促进转入产业与本地产业之间的互动、互补和互进，提升产业整体综合实力。就产业层面而言，它主要包括以下三个方面。

（1）在产业承接前，提升产业发展的配套能力，增强本地产业体系吸引力。特别是通过产业集群的带动力、辐射力和影响力，增强本地产业配套能力，而良好的配套条件又能吸引与本地产业相近、互补或相异的产业，特别是互补、相异的产业对西部地区产业结构转型具有重要作用。例如，重庆汽摩产业集群的发展，不仅使制造业水平大为提升，而且交通物流、服务体系、保税区建设、金融结算

---

① 赵志伯. 2006. 广西扩大招商引资中的问题与对策研究. 学术论坛, (8): 74-79.

等都有了长足发展，为之后引入惠普研发有限合伙公司、富士康科技集团、宏碁集团、华硕电脑股份有限公司、广达电脑股份有限公司等笔记本电脑与信息技术企业奠定了良好基础，形成了"5+6+800"的 IT 产业集群，该集群的形成又为重庆建设云计算产业高地提供了配套条件。

但是，当前西部地区的产业集群依然存在一些问题，如集群内企业间关系复杂、相互支持不足、凝聚力和向心力缺乏、管理与服务体系不够完善等，这些因素不利于集群的持续发展，也会给承接产业转移带来不良影响，难以真正为转入产业提供发展空间。因此，西部地区应以国内外成功的产业集群为借鉴，科学分析本地产业集群存在的问题，制订产业集群发展规划，改善产业集群的发展环境，合理定位产业集群的发展方向，由此通过产业集群的建设来推进配套产业能力不断提升，以强大的产业集聚力吸引发达地区的先进产业转入。

（2）在产业承接中，要对转移产业进行严格评估与审批，以保证其符合低碳发展的要求。当前，西部地区承接产业转移的规模不断扩大，产业类型明显增加，因此要重点对产能过快增长的污染型、低端型产业进行严格把关，杜绝落后产能企业转入。作为发展低碳经济的重要窗口，西部地区的发展和改革、工商等管理部门承担着市场准入与资金管理的责任，应加强对转入产业的声誉、能耗强度、工艺水平方面的审核和评估，加强与转出地政府的沟通、协调和咨询，对声誉不佳、工艺水平落后、能耗强度大的产业禁止引入。同时，发挥专业性评估组织、环保行业组织在产业承接中的作用，为本地产业组织、政府部门及行业协会提供信息和评估咨询，以保障转入产业符合低碳发展、清洁生产的要求。

（3）在产业承接后，加大培育与发展力度，促进产业低碳转型。西部地区应加大对转入产业的培育，促使其向低碳产业转型，提升低碳发展能力。在低碳经济视域下，对转入产业的培育和支持体现在以下几个方面。一是给予绿色信贷、绿色基金、贴息或无息贷款的支持，要求其运用低碳技术、使用脱硫设施、生产节能产品，在一定时期内转型为绿色产业、低碳产业，同时应制订低碳产业培育专项规划，以促进产业转型。[①]因此，可以依据相关规划对转入产业进行定期考核，建立企业信息档案，对不遵守承诺、无法完成低碳规划目标的企业进行重组、整合或迁出。二是加快转入产业与本地产业的对接，政府部门、行业协会等可以建立对接渠道，发布转入产业的合作信息、产品信息、配套企业的需求，使其拓展生存空间并尽快与本地产业体系融合，从而摆脱"编外人员"的感知，增强归属感。三是在服务上给予支持，设立对接机构或办事人员，提高服务水平，帮助转入产业解决因环境陌生而遇到的实际困难。由此，转入产业与本地产业融合度增加，能得到更多的产业支持，也能为本地产业体系的低碳发展增添动力。

① 王海霞. 2010. 低碳经济发展模式下新兴产业发展问题研究. 生产力研究, (3): 14-16.

4.2 西部地区承接产业转移的系统实现条件

西部地区承接产业转移的系统实现条件，事关整个产业转移系统能否实现内部各要素之间的协同、能否实现承接产业转移的目标。依据相关学者的观点，产业转移承接力主要包括产业吸引力、鉴别力、支撑力、发展力四个维度[1][2][3][4]。本书认为，西部地区在低碳经济视域下承接产业转移，以上的四个维度应该具有新的特点和内容，而环境承载水平、系统协同力则是承接产业转移所需的必备条件。因此，本书将从环境承载力、产业吸引力、产业选择力、产业支撑力、产业发展力、系统协同力等六个方面，分析低碳经济视域下西部地区承接产业转移的系统实现条件。

4.2.1 环境承载力

环境承载力大小等工业程度与承接国际产业转移的状况具有密切关系，环境承载力水平越高，越有利于促进承接产业转移。[5]在低碳经济视域下，西部地区应以其环境承载力为支撑，开展承接产业转移活动。因此，必须正确处理自然环境保护与产业转移的关系，在承接产业转移过程中保证环境保护的优先性，构建二者相互影响的长效机制，实现可持续发展。本书将运用"压力—状态—响应"（pressure-state-response，P-S-R）模型[6]，对承接产业转移的环境承载力予以分析。在 P-S-R 模型中，P 指标表示承接产业转移给环境造成的压力；S 指标表示环境质量、自然资源与生态系统等的状态；R 指标表示承接产业转移过程中面临的环境问题，所采取的对策与措施。

1. 压力

低碳经济视域下西部地区承接产业转移，本身就要求注重承接过程中的生态修复与环境保护，平衡产业转移与生态环境之间的关系，使二者相互协调、共同促进。但是，承接产业转移会给生态环境带来一定程度的压力与破坏，主要体现在以下几个方面。

① 展宝卫, 高翔, 孙世民, 等. 2006. 产业转移承接力建设概论. 济南: 泰山出版社.

② 黄畅, 张鑫. 2009. 广西地区承接东部产业转移的承接力建设研究. 产业与科技论坛, (9): 133-135.

③ 吴国萍, 张鑫. 2009. 西部承接东部产业转移的政府角色定位. 改革, (3): 77-81.

④ 李美娟. 2013. 云南承接东部产业转移的条件和能力研究. 资源开发与市场, (1): 68-71, 84.

⑤ 黄涛. 2013. 环境承载力与承接国际产业转移的能力分析——以湖北省为例. 区域经济评论, (3): 35-40.

⑥ Allen H, Albert A, Eric R, et al. 1995. Environmental indicators: a systematic approach to measuring and reporting on environmental policy performance in the context of sustainable development. Washington: World Resources Institute.

首先，客观规律说明只要有承接产业转移的现象存在，就会在一定程度上给生态环境带来压力。也就是说，环境对于产业的承载能力是有限度的，超出一定限度就会对环境造成破坏。在低碳经济视域下，西部地区在产业承接中虽然采取了一系列限制条件和污染防控措施，但是环境压力并没有完全消除，只是有所缓解。因此，西部地区承接产业转移，难免会给当地的生态环境带来无形的压力。其次，所承接产业的类型对环境造成的压力也不容忽视。在绿色发展理念的指导下，近年来西部地区承接的高新技术产业和战略新兴产业已有所增加，与之前所承接的传统产业相比，对生态环境造成的压力相对较小。但是，资源密集型、污染型产业转入西部地区的形势依然不容乐观，而且随着产业转移规模的不断扩大，西部地区的环境压力并未减轻。再次，承接地产业布局的不合理程度对环境也造成了一定的压力。西部地区产业多为劳动密集型产业和资源消耗型产业，第三产业与东部发达地区相比差距较大，这同样给环境带来了较大压力。最后，产业转移将拉动与提高西部地区的经济发展和城镇化水平，而城镇化的不断发展又将对区域环境造成巨大压力。例如，城市化进程中的人口快速增长、车辆大幅增加、大气污染和水污染等都加剧了生态环境的压力。

2. 状态

西部地区生态环境较为脆弱，空气质量不良、水污染及废弃物处理率低等问题尤为突出，严重阻碍了经济社会的和谐发展。近年来，西部地区落实五大发展理念的具体要求，下大力气治理生态环境，通过"关停并转"等措施使高污染企业淘汰或退出，为低碳产业提供更大发展空间，环境质量也得以明显改善，这为承接产业转移提供了有力的基础条件。此外，西部地区不断推进节能减排工作，为承接产业转移提供了更大的环境容量和空间，显著减轻了环境压力，提高了环境承载力。其措施主要有以下几种。

1）加大环保投资

西部地区虽发展相对落后、经济总量有限、财政能力不足，但是仍逐年加大环保设施设备的硬件投入及环保队伍能力建设的软件投入，同时有企业资金、民间资金等支持，使生态环境质量整体上得到了改善，满足了低碳发展的客观需求。另外，西部地区为流域综合治理投入了大量资金，河长制的实施也为水资源保护提供了保障。重庆投入大量环保资金用于企业环保搬迁、垃圾污水处理、水环境和空气治理、流域治理等，使自然环境和城乡环境得到了显著改善。

2）采取其他措施

为改善区域环境，西部地区采取了各种积极措施。一是关闭高污染的企业。环境污染绝大部分源于企业，尤其是重点污染源企业对环境的破坏力大，关停这些高污染企业，削减环境污染的主要来源，进而提升总体环境容量。二是开发利用清洁、高效能源。在低碳经济背景下，西部地区应更多使用页岩气、天然气、太阳能等清洁能源取代传统高碳能源，降低环境的污染程度。三是加强对企业垃圾和污水设施的建设与营运。市政管理部门、重点污染企业采取了建设污水处理厂、垃圾处理站等措施，使废弃物、污水等得到有效的重复利用。

3. 响应

1）政府

首先，西部地区政府应在环境保护中履职尽责，有效发挥其在环境保护中的作用。在承接产业转移的过程中，如果出现破坏生态环境的现象，西部地区的各级政府有责任、有义务采取行政、法律等手段，对破坏环境的行为予以责任追究和惩罚。其次，制定科学合理的产业承接政策体系，为转入产业创造和提供良好的环境及优质的服务，使转移产业在西部地区得到更好更快的发展。最后，发挥其强制力、公信力的强大作用，严把环境关和资源关。西部地区政府可通过制订产业发展规划、实施区域限批等方式，引导先进产业、清洁产业向西部地区转移，同时强制要求所承接的产业必须达到本地的环境标准。[①]

2）产业

环境污染主要来自产业不合规、不合法的生产和排放，因此产业低碳发展与环境保护存在密切的关系。西部地区产业的低碳化程度越来越高，对环境破坏的程度则相对减弱，但环境破坏的现象依旧在不同程度上存在。因此，产业要加强规范生产和低碳技术创新，在重点高能耗行业加快节能减排、循环利用等关键技术的研发与推广，发展低碳、绿色、循环经济。企业应树立低碳发展观念，将低碳文化作为组织文化的必要组成部分，鼓励员工学习低碳技术、研发低碳技术、运用低碳技术，建设成为低碳型、生态型企业。

3）公众

西部地区的公众在承接产业转移过程中，直接或间接参与其中并发挥了重要的作用。他们一方面因地方经济发展而受益，另一方面也可能因环境破坏而遭受严重损失。因此，公众对承接产业转移中生态环境的状况最有切身感受，也最有发言权，他们通过加入环境组织、参与政府决策、提出诉求质疑等方式表达自身诉求，贡献智慧和思路，对产生的环境压力做出回应。

4.2.2 产业吸引力

产业吸引力是由承接地多种因素整合形成的对外部产业的吸引程度，它反映

---

① 陶爱萍，张丹丹. 2012. 中西部承接产业转移与生态环境协调发展——基于 PSIR 的分析与协调机制. 福建江夏学院学报, (4): 18-23.

承接地总体的发展情况，发展越好则吸引力越大，产业要素集聚程度就越高。西部地区的产业吸引力表现在政策力度、管理效率、市场化程度、产业集群水平、要素成本、发展环境等方面，其中管理效率、市场化程度、产业集群水平对产业转入的影响力最为显著和直接。因此，要使西部地区在承接产业转移中具有较强吸引力，需要做到以下几个方面。

（1）提升综合管理效率。管理效率主要体现在行政审批效率、政策执行效率、对接服务效率等方面，它对转入企业能否快速适应环境、融入本地产业体系具有直接的影响，也决定着转入企业对承接地的第一印象。首先，行政审批效率表现在精简审批流程、下放审批权限、加快审批进程、实行一站式审批等方面，对于减轻所承接产业的负担、缩短转入时间、实现高效转入提供了基本保障。其次，政策执行效率越高，就越能及时兑现政策承诺，将各项优惠政策、扶持政策落到实处，并迅速解决政策执行中出现的问题，从而让转入产业尽早享受到西部地区的政策红利，对于保证转入产业的基本利益、展示政府形象具有重要作用。最后，对接服务效率是西部政府能否给转入产业提供及时、切实的服务，帮助解决在转入过程中和转入后遇到的障碍与难题，如政府商务部门、工商部门、税务部门、园区管理委员会、行业协会等对转入产业的对接服务，应落实到人、落实到事、落实到转入产业发展的全流程中。在办理转入手续时为其开通绿色通道，在生产经营中帮助其协调与相关政府部门及上下游企业、平行企业的关系，在开拓市场时协助其推广产品信息，为转入企业在本地生根和发展创造了良好的服务环境与氛围。因此，转入产业首先会关心并评估转入地的管理水平和管理效率的高低，管理效率越高则吸引力越大，管理效率越低则产业转入进程就越难以推进。

（2）发挥市场机制作用。西部地区在承接产业转移过程中，市场机制能发挥关键调节作用。西部地区在低碳经济视域下承接产业的过程，包括一系列微观环节的过程，市场机制能够促进承接地资源、要素向转入企业合理流动，能够在规范市场秩序的前提下显著降低转入企业的交易成本，包括信息搜寻成本、谈判成本、时间成本等，使其将更多精力和成本放在建设与生产过程中，进而提升产业转移的效率。同时，市场机制保证了企业间市场交易的规范性和诚信度，使转入企业能够公平互利地参与市场竞争。可见，西部地区市场机制的完善程度，直接影响到对转入产业的吸引力程度。

（3）打造优势产业集群。产业集群是生产要素和生产工艺相近或互补的企业集合，可表现为同质性产业集群或互补性产业集群。前者能够获得规模经济（economies of scale），同时集群内知识结构的同质性，有利于促进适应性创新；后者通过纵向一体化（vertical integration）实现全产业链、全流程整合，延伸了产品线，能够获得范围经济（economy of scope），而且其副产品能够在产业链中循环利用，有利于形成低碳产业链、低碳产业集群，而且集群内成员之间知识的异质性，有利于促进探索性创新能力的提升。可见，无论是同质性产业集群还是互补性产业集群，不仅能实现内部成员间利益共享、风险共担，而且能提升成员的研发能力和技术创新能力。因此，西部地区的产业集群程度是影响承接吸引力的关键因素，因为转入产业预期在西部地区获得更多的产业支持，希望通过融入产业集群提升创新能力，从而提升其核心竞争力，这是最大的吸引力之所在。在发展同质性产业集群的同时，应注重发展异质性产业集群，构建更多的产业链和产业网，为转入企业的知识分享提供空间，为物质资源循环、低碳技术研发运用提供场所。

4.2.3　产业选择力

产业选择力是西部地区在低碳经济视域下，按低碳发展、清洁生产的要求，对转入产业是否符合低碳环保、清洁生产等标准，所具备的判断、评价和选择能力，包括战略契合、标准符合、产业融合等多方面的要求。产业选择力越强，就越能引入符合低碳发展战略的企业，就越能将重复生产、低端生产、高碳生产的产业拒之门外。如果说环境承载力是基础，产业吸引力是前提，那么产业选择力则是准入证，是按照自身发展的要求，决定产业是否能够转入本地区。因此，西部地区在低碳经济视域下承接产业转移中形成选择力，主要需要做好以下几方面的工作。

（1）加强事前评估。对即将转入产业的相关情况，可以通过向其主管部门及行业协会咨询、收集媒体报道信息等方式进行全面了解，具体评估的内容可包括生产工艺先进程度、低碳设备的利用率、单位 GDP 的能耗强度，以及企业在行业中的信誉、合作关系等方面的内容。同时，建立指标体系需聘请专业机构进行评价，从产业性质、生产情况、能源利用等方面，总体上判断其是否符合本地承接产业转移的要求，并建立评估档案进行跟踪分析。对在产业类型、产能、能耗、环保等方面完全不能达到本地承接要求的，应禁止其转入本地。对有一定污染、能耗相对较高的本地急需产业，只要其能够通过环保技术、减排技术来降低能耗和减少排放，则仍可以引入，但要签订节能减排备忘录，约定具体的转入条件。对产能先进、清洁生产的产业，可以提供优惠政策引导其优先转入。因此，事前评估为严把入门关、选择先进产业转入奠定了前期基础。

（2）加强事中沟通。在事前评估的基础上，为了确保转入产业符合本地产业发展定位，应进一步加强事中沟通。事中沟通能加深承接地与转入产业之间的了解，在承接细节上能够进行更深入的交流，对转入产业的需求和意愿有更全面的认识。在沟通过程中，可考察转入产业与本地的战略规划和设想是否一致，是否能够建立合作互信关系，是否能够按约定的低碳要求投产，是否能够遵守节能减排的制度和规定等具体内容，这有助于提升产业选择的鉴别力。需要注意的是，西部地区应加强对管理人才、经营人才、战略咨询人才和谈判人才的投入，培养具有国际视野、全球眼光的高级人才，这一方面有利于加强与转入产业的沟通，另一方面有利于提高与转入产业的协商谈判能力。事中沟通是对事前评估的延伸和巩固，能够提高产业选择的质量。

（3）确定选择标准。无论是事前评估还是事中沟通，都需依据一定的选择标准来进行，这是体现产业选择力的关键要素。在低碳经济视域下，西部地区承接产业转移应该避免过度追求经济效益、忽视转入产业性质、缺乏产业选择标准的传统模式，并科学制定选择标准建立新的承接模式，具体可以从以下方面进行设计。一是优先引进产业带动力强的重大项目或核心企业。这样的项目或企业进入，有利于带动新产业领域的发展，突破原有的产业结构，倒逼产业结构转型升级。核心企业具有强大的产业带动能力与市场拓展能力，能够迅速实现生产要素重组和资源重新配置，吸聚分散产能发展为新型产业集群，从而促使西部地区产业结构不断调整和优化。二是转入产业能否实现清洁生产。在低碳经济视域下，该标准具有非常重要的作用。即使转入时还未实现清洁生产的产业，也应该通过技术研发运用、生产工业改进和生产流程优化提升清洁生产能力。因此，应主要选择具有能效高、可循环生产特征的产业，尤其是以承接现代服务业、战略新兴产业、高新技术产业为主。三是转入产业能否补充本地产业链。产业链的完善是推动产业升级、实现循环生产、提升产业竞争力的重要条件，因西部地区自身产业体系的现状，要注重筛选和承接补链产业，并争取以全产业链方式承接产业转移。承接标准贯穿于承接产业转移的全过程，是事前评估和事中沟通达到预期目标的保障。

4.2.4　产业支撑力

产业支撑力是对转入产业能够顺利实现落户和投产的基本支撑，也是转入产业最基本的要求。产业支撑力度的大小，决定着转入企业发展后劲的强弱，也影响其他拟转入产业的意愿，因此支撑力展示了西部地区承接产业的决心和信心。依据西部地区发展的现实和低碳发展要求，承接产业转移的支撑力包括载体支撑与条件支撑两个方面。

（1）载体支撑。产业园区作为产业集聚的物理空间，为承接产业转移提供了重要载体。产业园区在不同时期、不同地区，表现为工业园区、高新技术园区、产业新区、高新区等多种形式，但均是围绕产业进行运转的。西部地区产业园区的基础设施建设、规划水平、功能布局、资源循环利用等，与发达地区产业园区相比存在一定差距，园区的生态平衡、自净能力差距较大，导致园区产业生态和自然环境受损。从西部产业园区的产业分布来看，除少数园区以现代服务业或战略新兴产业为主外（例如，成都高新区主要发展信息产业、服务业、金融业等，企业规模居西部地区第一位，是首批创建世界一流园区的试点单位；重庆两江新区水土高新技术园区主要布局云计算、医药、电子元器件、机器人等产业，以发展战略新兴产业为主），更多的园区以劳动密集型、资源密集型制造业为主，如钢铁、冶炼、玻璃、造纸、制药等产业园区不仅能耗强度大而且排污量高，废弃物再利用率低，难以适应先进产业转入的要求。因此，在完善园区基础设施、理顺管理体制的同时，要规划发展一系列承接产业转移的生态、低碳园区，使其成为产业转移的承接基地。[①]因此，西部地区应加大对传统园区的生态化改造力度，提高其资源循环利用能力，对于新建园区则应按照生态园区、低碳园区的标准加以建设，加强低碳节能材料、新能源设施、雨水收集系统、废弃物循环系统的运用，提升节能降耗水平和提高能源资源利用率，使园区具备承接生态产业、低碳产业的能力。

（2）条件支撑。在载体支撑的基础上，西部地区要使转入产业获得在生产、经营方面的具体支持，必须要在具备除能源、土地、劳动力等常规条件之外，还要具备为先进服务业、高端制造业、低碳环保产业服务的高端条件，包括低碳金融、结算体系、海关及检验检疫、综合保税港区，从而为承接产业研发低碳技术、提升节能减排能力、产品进出口等提供支撑和便利条件。西部地区应在有条件的产业园区、发展新区、高新开发区等设立服务窗口，使转入产业能够就近享受到一体化、全口径的服务。同时，根据转入产业的特点和需求，一方面加快本地管理人才队伍建设，为产业提供更多经营、财务、信息等专业技术人才，另一方面实现高等教育与产业需求紧密对接，设置体现市场要求、区域特色和实践要求的学科专业，为承接产业转移提供人才储备和智力支撑。

4.2.5 产业发展力

产业发展力能够体现转入产业在承接地能否实现可持续发展，能否与本地产业融合发展，因此产业发展力影响着引入产业的生命力与发展方向。实现转入产业的稳定发展，既是转入产业自身发展的要求，也是西部地区产业体系完善的要求，不仅决定着承接产业转移的成功率，而且是衡量西部地区产业选择正确性和科学性的标准。在低碳经济视域下，西部地区承接产业转移的发展力，主要体现为低碳创新能力与市场开拓能力。

（1）低碳创新能力。在低碳经济视域下，西部地区要使转入产业实现预期的发展目标，不仅要加强低碳技术、环保技术、循环技术的研发和创新，还要加强价值链各生产环节之间的创新和协同。首先，企业在国家技术创新体系中居于主体地位，在低碳创新体系中理应承担主体责任，担负创新使命，因此西部地区的

---

① 周敏. 2007. 把握机遇加快广西承接产业转移的思考. 市场论坛, (11): 1-4.

产业体系首先应树立绿色发展观和生产观，树立低碳创新理念，加强低碳技术研究与综合利用，为转入产业创造优良的低碳创新环境。其次，在转入产业的发展初期，督促其建立低碳管理体系，如低碳管理制度、低碳生产工艺、低碳评价标准，加强对脱硫脱硝技术、废弃物循环利用技术等基础性低碳技术利用的投入和监督，为其建立低碳运行体系奠定基础。最后，提升转入产业的上下游产业的低碳创新能力。上下游产业是转入产业的原材料供应商、加工商或营销商，转入产业的发展离不开产业链上下游产业的协同和支持，因此提升上下游产业的创新能力，有助于转入产业主动对接产业链的低碳创新体系而实现低碳生产。同时，可以运用转入产业的低碳知识、技术和先进工艺，在产业链之间交流、碰撞、吸收和共享，从而推进整个产业链的低碳创新发展。

（2）市场开拓能力。转入产业的产品需求程度、市场空间如何，对其发展具有非常关键的影响。因此，除了转入产业调研市场需求、实现按需生产，加强营销投入与产品推介之外，西部地区相关政府部门和行业组织应运用对本地市场熟悉、了解市场结构的优势，提供对接服务，助推转入产业拓展市场。首先，按照低碳发展的要求，促进转入企业进入低碳市场。西部地区应建立并完善碳交易体系，促进转入产业通过参与碳排放权交易体系进入碳交易市场，增强其低碳生产的意识。近年来，西部地区碳市场发展取得了显著成效，为实现低碳发展提供了重要的平台。例如，2006年4月，四川联合环境交易所获得了国家碳交易机构备案，成为全国碳排放权交易在试点地区之外的首家、全国第八家碳交易机构。[①]其次，通过"走出去"的方式，支持转入产业开拓国外市场。西部地区应利用本地产业的进出口渠道和国外市场，帮助转入产业突破市场限制，与本地产业"抱团取暖"，面向国外市场需求，生产对接产品，扩大市场份额。例如，重庆拥有摩托车、钢铁、粮食、笔记本电脑等领域的东南亚、巴西、澳大利亚及欧洲等市场，同时具有渝新欧国际物流大通道的物流优势，因此本地产业有条件帮助转入产业开拓国外市场，从而拓展转入企业的发展空间。

4.2.6　系统协同力

在低碳经济视域下，西部地区承接产业转移是一个系统工程，受到诸多系统内外因素的影响，在外部环境、市场结构、资源供给、需求变动引发复杂而不稳定的环境状态下，系统要素之间的协同能有效化解动荡环境带来的风险和不利影响。在相对稳定的情况下，要素之间的协同也能减少系统内的冲突，构建和谐的共生关系。因此，系统协同力对于解决企业所面临的外部环境问题与内部冲突问题，发挥着关键作用。考虑到产业转移的主体间关系，主要从转出地与承接地政

---

① 佚名. 2016-04-30. 清洁能源大省四川跨入全国碳排放权交易行列. 成都商报, (02).

府间协同、政府与企业间协同，以及企业间协同方面来进行分析。

1. 政府间协同

政府间协同是指在产业转移过程中，承接地政府与转移地政府之间的沟通、交流与协作。产业转移作为一种经济现象，离不开市场机制的作用，但因为市场失灵和经济负外部性现象的存在，需要政府发挥宏观引导和政策调节作用，进行资源配置与要素整合，以保障产业转移的方向。政府在产业转移中发挥着市场无法替代的作用[①]，而且在今后相当长一个时期内，西部地区政府与其他地区政府之间的合作协同仍然很重要[②]，因此西部地区政府在承接产业转移中，要处理好与其他地区政府间的关系，并主动维护和推进这种关系朝更好的方向发展。为使西部地区能承接到适合本地经济社会发展需要的产业，承接地政府与转出地政府间应建立协调机制，通过双方政府间的通力合作，有效实现承接产业转移的目标，取得双赢的效果。

首先，加强政府间对接。在承接产业转移过程中，只有加强政府间对接，才能清晰了解彼此的需求，进而开展有针对性的合作。双方政府应在分工的基础上合作，履行各自的职责。承接地政府要通过制定政策和战略规划，为转入产业提供发展保障和优惠条件；转出地政府要通过提升服务效率，为产业转出提供服务、技术、信息等方面的支持，双方政府共同推进产业转移进程。其次，建立关系协调机制。在政府间对接的过程中，可能因为理念不同、观念分歧、利益争执等问题导致双方关系僵化，影响长期合作，延缓产业转移的进程。因此，为了提升双方的关系质量，应建立务实对话、冲突解决、问题处理等机制，加强彼此的信任程度，增加相互间的情感强度，使政府间关系出现的矛盾能够及时得以解决。同时，可以互派工作人员，负责产业转移中的信息交流与意见交换，提升合作中的沟通效率。在承接产业转移中，承接地妥善处理好与转出地政府间的各种关系和矛盾，建立互信互惠合作模式，不仅能实现产业的顺利转入，而且为转入产业的后续发展增强了信心。

2. 政企间协同

政企间协同主要指的是承接地政府与转入企业间的相互协作关系。随着政府职能的转变和市场经济的发展，西部地区承接产业转移中的政企关系经历了从"政府主导型→政府引导型→市场主导型→政企合作型"的演变，政府的介入程度逐渐减弱，企业自主性得到充分提升。目前，西部地区在承接产业转移过程中，

① 潘理权. 2008. 产业梯度转移中的政府作用分析. 合作经济与科技, (7): 116-117.
② 石碧华. 2011. 我国西部地区承接东部产业转移问题研究. 中国经贸导刊, (7): 21-25.

政企关系较多的呈现出政府主导型的特征，导致出现了政府干预过度、企业依赖性高等问题。因此，西部地区在承接产业转移过程中，应根据不同阶段企业的行为特征，建立一种与之相适应的政企关系。

首先，在承接产业转移的前期，西部地区存在产业基础比较薄弱、市场化程度低、企业创新活力不足等劣势，致使一些小型企业担心不确定性因素所带来的潜在风险，不愿转出或处于观望状态。这个阶段中，愿意转入西部地区的企业往往是综合实力较强、市场经验丰富、品牌价值高、抗风险能力强的大中型企业，在提升自身发展空间的同时，也促进了西部地区产业体系的完善与优化。此时，需要政府的充分介入，发挥宏观调控职能，为转入的大中型企业提供帮助和扶持，并以其为核心引导配套产业集聚形成产业集群，同时对承接的产业类型、各产业布局等方面予以规范，并不断完善基础设施建设及相关配套能力建设，增强企业向西部地区转移的吸引力。因此，承接前期的政企关系属于"政府主导型"模式，政府发挥着关键作用。

其次，在承接产业转移的中期，由于大型企业的示范与带动作用、西部地区招商引资力度的加大、基础条件的改善及国家级新区设立等所带来的引致效应，加之本地发展空间的受限，小型企业加快了向西部地区转移的步伐。此时，随着转入企业的增多，承接标准不统一、服务不规范、破坏市场规则的现象时有出现，并引入了一些污染型企业和高能耗企业，这不仅没有达到承接产业转移的预期目标，反而加重了本地的资源、能源、土地和环境负担，急需发挥政府的引导作用，提高承接工作的规范性和有序性。因此，该阶段政府的主导作用逐渐弱化，引导作用得到强化，扮演着"产业引导者""秩序规范者"的角色，前者实现了承接产业转移的"有理"，即承接符合本地需求的企业，后者实现了承接产业转移的"有序"，即规范地开展承接产业转移活动，可见这个阶段属于"政府引导型"的政企关系模式。

最后，在承接产业转移的后期，西部地区的承接经验日趋丰富，承接思路日益清晰，能实现规范化承接、标准化承接和选择化承接的目标。同时，因为转入企业的带动和联动作用，西部地区产业活力显著提升，产业集聚功能明显增强，产业链整合效果凸显，从而推动了产业结构升级和优化。在这种情况下，转入企业既有自身的发展空间，又能得到产业链和产业群的支持，融合程度进一步增强，加快了融入西部地区产业体系的进程，为西部地区产业转型、经济发展提供了新的生机与活力。在产业体系更加完善、企业具有更大自主性的背景下，市场将会发挥出更大的作用。此时，政府的主导与引导作用逐渐弱化，"市场主导型"成为西部地区承接产业转移主要的政企关系模式。

西部地区在不同承接阶段采取不同的政企关系模式，体现了承接产业转移的阶段性特点，提升了承接的针对性和有效性。但是，这三种政企关系模式并非最理想的模式，当前，在我国实现治理能力现代化的进程中，要求政府与企业形成一种平等、互利的新型合作关系，在承接产业转移中共同应对变动的环境、突发的问题和政企关系的治理，而随着承接实践的深入，这一模式将会发挥出更大的作用。

3. 企业间协同

企业间协同是指西部地区在承接产业转移中，承接地企业与转入企业之间的协作或合作关系。当前，西部地区的企业仍处于协同程度不高、发展分散的格局之中，无序布局、重复生产、各自为战，导致浪费了大量资源，这不利于区域及产业的协调发展。因此，企业需要打破传统观念的束缚，通过战略联盟、相互持股、合资生产等方式，加强与其他企业的协作，构建优势互补、协同发展的企业间关系。

1）低碳技术协同

在低碳经济视域下，对于承接地企业及转入企业来讲，都要担负发展低碳技术、运用低碳技术的责任和使命。根据社会经济发展趋势与企业的生产规则，结合低碳发展的趋势与理念，当前最重要的是提高企业低碳技术的竞争力。[1]因此，企业间应该建立低碳技术协同创新联盟，联合组建低碳技术研发中心，推动对低碳相关技术的共同攻关。转入企业应利用技术优势为创新联盟技术创新提供核心动力，承接地企业应运用市场优势为创新联盟研发低碳技术提供试验和转化渠道，二者通过隐性知识分享、异质知识互补、能力和渠道协同等创新机制，推进低碳技术的研发与升级。

2）低碳文化协同

企业文化是一个企业的价值观和行为规范准则，文化协同体现了承接地产业与转入产业深度融合的程度，有助于增强转入企业对西部地区的身份认同，树立起主人翁意识，从而主动融入西部地区的经济建设之中。企业在其发展规划、生产体系中，应自觉考虑低碳因素，践行低碳文化。[2]因此，在低碳经济视域下，企业间的文化协同应该以低碳文化的建设为重点，开展低碳文化的培育、交流与共建，使绿色发展观内化为企业的价值观与发展理念，外化为员工的低碳行为和低碳意识。企业间低碳文化的协同，具体可通过承接地企业与转入企业之间"结对子"、建立兴趣小组、参与低碳科普宣传、组织低碳文化沙龙、交流先进生产工艺、开展低碳文化活动等丰富多彩的方式，共同提升企业间的低碳文化协同，使转入企业不但了解了承接地的文化风俗，而且树立了绿色发展和生态优先理念，按照低碳发展的要求参与西部地区的低碳经济建设。

---

① Wu L, Yun J. 2014. Low-carbon technology innovation of Chinese enterprises: current situation and countermeasure research. Journal of Chemical & Pharmaceutical Research, 6(3): 818-823.

② 易艳. 2013. 论低碳文化的建构. 武汉理工大学学报(社会科学版), (4): 659-664.

4.3　西部地区承接产业转移的"六力螺旋模型"构建

综上分析，西部地区承接产业转移系统实现条件，包括环境承载力、产业吸引力、产业选择力、产业支撑力、产业发展力与系统协同力，它们并不是彼此孤立、单向作用的，而是通过相互作用、相互影响、多向互动而形成的一个有机整体。在产业转移的不同阶段需要"六力"的分工与组合，共同提升西部地区在低碳经济视域下承接国际国内产业转移的承接能力。

按照环境承载力、产业吸引力、产业选择力、产业支撑力、产业发展力、系统协同力的顺序，分别以生态环境保护，打造优势产业集群，加强事前评估、事中沟通与选择标准制定，产业园区建设，低碳创新能力，政府与企业间的协同，作为"六力"中的关键节点。图 4-1 所示的在低碳经济视域下西部地区承接产业转移系统实现条件的"六力螺旋模型"中，环境承载力、产业吸引力、产业选择力、产业支撑力是基础，产业发展力是动力，系统协同力是路径。在环境改善与结构优化两个维度的作用下，随着环境改善、产业结构优化程度的不断提升，"六力"呈螺旋上升发展态势，并且旋转的幅度越来越大，这表明其影响范围更加广泛，承接产业转移的能力越来越强。西部地区在承接产业转移的实践中，不仅应该注重提前对"六力"进行培育，而且应根据自身优势和实际情况，建立具有独特优势和特色的承接力，从而为在低碳经济视域下承接产业转移奠定坚实基础和实现条件。

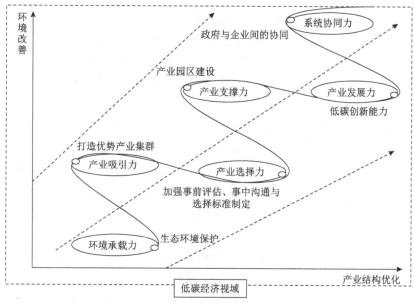

图 4-1　在低碳经济视域下西部承接产业转移系统实现条件的"六力螺旋模型"

第 5 章

低碳经济视域下西部地区承接产业转移战略模式

西部地区在承接产业转移的过程中，转出地与承接地之间根据转移类型、转移方式的不同，会形成不同的产业转移战略模式。在第 2 章中，已对产业转移路径模式的概念、传统产业转移模式的类型及四种新型的产业转移模式进行了较为详细的归纳。本章主要分析构建承接产业转移模式的总体要求，进而在结合实际的基础上，提出西部地区承接产业转移的战略模式与战略选择。

5.1　西部地区构建承接产业转移模式的总体要求

西部地区承接产业转移的传统模式，主要关注数量、收益等指标，往往是以经济增长为主要目标的，而承接产业转移的新型模式更关注质量、效益等指标，从"经济—社会—生态"的系统和复合视角出发，更加注重经济与生态的协调发展。因此，基于低碳发展视角来构建承接产业转移模式应满足以下要求。

（1）有利于承接地产业结构的转型。目前，西部地区的产业结构不尽合理，第二产业占比较大，第三产业占比虽有所提升但仍以传统服务业为主，这阻碍了现代化发展的进程。因此，在低碳经济视域下，西部地区承接产业转移就是要实现产业结构的优化和转型。首先，优先承接大型企业或龙头企业，改善西部地区产业分散的布局，促进生产要素的集聚。其次，加大引进现代服务业的力度，优化三大产业的比重，发展现代产业体系。最后，注重集群式承接方式的运用，通过引进信息技术、智能装备、新能源等产业集群，改变西部地区传统产业结构的格局，建立新的支柱产业，从而实现产业结构转型的目标。

（2）有利于转入产业实现清洁生产。在低碳标准下承接产业转移，要求转入产业具有先进的生产工艺和技术能力，并能按低碳发展的要求进行清洁生产。第一，以低碳经济理念为指导，有选择地科学承接产业，使其与西部地区的低碳要求相对接。第二，采用低碳式的承接模式，制定环境准入标准，加强低碳绩效评估，使转入企业自觉节约能源资源，改进生产工艺。第三，加快承接地的低碳技术创新体系建设，吸纳转入企业参与其中学习和分享，从而提升低碳技术的研发和运用能力。

（3）有利于西部各地区之间协调发展。根据不同区域特点和优势，差异化地承接产业转移，实现区域间错位发展。对于产业基础和综合条件好的地区，以承接先进制造业和战略新兴产业为主，提升新型工业化的水平；对于环境承载压力过大但基础条件较好的地区，可以通过承接现代服务业、文化产业、创新创业产业等来实现产业转型，缓解环境压力；对于承担生态保护功能的区域，应以承接观光旅游业、生态农业为主，守住生态环境底线，避免过度开发，为西部地区生态系统的平衡和稳定提供保障。

关于在低碳经济视域下西部地区承接产业转移的影响要素，第 4 章中已归纳了包括宏观层面的生态环境保护与产业低碳发展，政府层面的承接政策、政府职能与承接力度，产业层面的配套能力、准入条件与低碳标准。此外，还包括基础设施、市场化程度、公共服务等基本影响因素，这些因素对构建承接产业转移的模式也具有显著影响。

5.2　西部地区承接产业转移的模式构建

依据前文对西部地区承接国际、国内产业转移现状的分析，在低碳经济视域下，从产业与区域、产业与园区、产业之间三个层面，来构建西部地区新型的承接产业转移模式。

5.2.1　产业与区域层面："同心圆"模式

在国家层面上，按开发方式将国土空间分为优化开发区域、重点开发区域、限制开发区域和禁止开发区域四类。从西部地区自身来讲，禁止开发区域主要是指国家生态保护区、国家森林公园等，无法承接产业转移。因此，按以上前三类主体功能区的类型，分析不同区域与承接类型的关系，构建了"产业—区域"相结合的"同心圆"承接产业转移路径模式（图 5-1）。

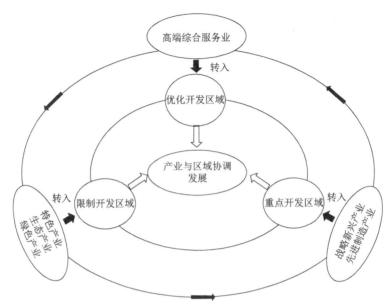

图 5-1　西部地区承接产业转移的"同心圆"模式

　　"同心圆"模式是基于西部地区主体功能区提出的，是适应西部地区发展的承接产业转移"产业与区域"协调发展的模式。优化开发区域是西部地区重要的城市群和中心区域，要突出其核心辐射作用，同时要减轻对环境造成的压力，主要发展高端综合服务业，以承接现代服务业为主。重点开发区域主要是具有比较好的产业基础和配套条件，重点承接先进制造产业、战略新兴产业。限制开发区域的主要使命是保护好生态环境，提供优质的生态产品，重点是承接对环境污染较小的绿色产业、生态农业及特色产业。例如，处于武陵山连片特困地区的重庆秀山县属于限制开发区域，近年来主要靠发展金银花凉茶饮料、特色林业等生态环境可承载的特色产业，实现了经济发展与环境保护的协调。

　　"同心圆"模式既有纵向层面的推进，又有横向层面的互动，是一种循序渐进、层层推动、层层补充的关系。纵向层面体现为各区域通过承接不同的产业类型，实现产业与区域的协调发展，表现为"产业进入→区域承接→产业与区域协调"的路径方向。横向层面既体现为不同产业之间互相补充、互相促进，即产业之间在产业链上的互补、市场渠道上的共享和彼此需求的相互满足，又体现为不同区域之间分工协作、相互支撑。因此，"同心圆"模式不仅实现了产业与区域之间的协调，而且实现了区域之间的均衡发展，使西部地区承接产业转移保持可持续发展的趋势。

5.2.2　产业与园区层面："产业—政策—载体"模式

西部地区承接产业的模式需要考虑内外部综合因素的影响，围绕西部地区低碳发展的"产业支撑→政策体系→园区承载"的主线，从而形成如图 5-2 所示的"产业—政策—载体"（industry-policy-park，I-P-P）模式，提升综合竞争能力。首先，在承接产业过程中，西部地区需要做到有的放矢，承接自身有特色、有优势的产业类型。一方面要注意引进核心企业，吸引生产要素集聚，加速特色产业发展壮大，另一方面要注意引进配套企业，为本地支柱产业提供配套服务。此时的产业支撑主要体现在对接上，以西部地区自身的产业基础为前提，通过产业互动提升区域竞争优势。其次，产业对接离不开政策体系的扶持，一方面政策要满足产业对接的要求，突出政策的针对性和适用性，另一方面产业对接需要根据政策体系的内容而及时调整，此时的政策体系主要体现在方向性、引导性和保障性上，包括支持性政策、约束性政策、引导性政策等。支持性政策突出表现在对转入产业的帮扶和承接活动的支持上，约束性政策突出表现在对转入产业的低碳发展和清洁生产要求上，引导性政策则突出表现在对承接地产业布局及与本地产业融合发展的战略设计上，从而通过与产业体系的良性互动，为提升区域竞争优势提供政策保障。最终，在承接产业转移过程中，无论是产业对接还是政策支撑，最终都要落实在转入产业的承载上，即通过低碳、生态产业园区来实现转入产业的落地和发展，其功能主要体现为通过园区上下游企业间的互补实现一体化循环经济，通过统筹新能源利用和节能降耗技术打造低碳供应链，通过科学规划建设低碳物流体系和交通体系，通过企业间知识共享、技术整合实现低碳技术协同创新，因此为转入产业创造了良好的低碳发展环境。产业体系为低碳园区提供基础性产业支撑，政策体系为园区提供引导性政策支撑，而低碳园区通过低碳创新体系建设提升区域竞争优势。

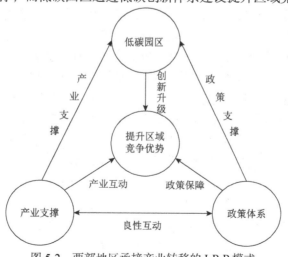

图 5-2　西部地区承接产业转移的 I-P-P 模式

5.2.3 产业之间层面：耦合模式

转入产业与承接地产业之间通过协同和融合，共同创建新型区域产业体系，这是承接产业转移要实现的核心效应之一，而产业之间的融合深度决定于其耦合的程度。耦合是物理学中的一个概念，是指两个或两个以上的系统之间通过各种相互作用、相互影响而形成的一种相互依赖、协调、促进的动态关联关系。[①]在低碳经济视域下，产业耦合不仅是指产业转出地与产业承接地之间的连接方式及关联程度，更是指产业高效发展与低碳发展的关联程度。耦合的含义可从以下两个方面理解。一方面，耦合是一种共赢行为。首先，产业转移过程中，产业转出地与承接地打破空间限制，双方的经济效益都有所提高。其次，产业在追求经济利益最大化的同时，通过改进生产技术节能减排、降低能耗，为自身的持续发展提供必要保障。最后，有效地解决了各地区经济发展过程中出现的矛盾，处理好生态发展与经济发展的关系。另一方面，要素的关联程度是产业耦合的关键和基础。产业转移双方的连接方式与关联程度，是通过大量的物质、信息、资金、人员等要素的交换关系体现出来的。关系性专用资本的投入增进了彼此的依赖性，使双方相互依存、相互制约，并实现产业价值的增值。因此，从总体来看，耦合既体现为系统之间关系状态的静态性，又体现为相互作用、不断调适的动态性。

1. 产业之间的静态耦合模式

西部地区承接产业转移的过程，是转入产业、转出地政府、承接地产业、承接地政府相互耦合关系建立和强化的过程，是一个相互影响、相互制约、彼此促进的有机整体。静态耦合模式，是指不同产业类型与转出地政府及承接地政府之间的关系状态。如图 5-3 所示，承接地在承接产业之前拥有本地的支柱产业和优势产业，应通过产业转移，进一步优化发展完善支柱产业和优势产业，将附加的鸡肋产业、高污染产业转出或淘汰，减轻产业发展负担。在承接时更应注重引进先进技术，更新生产工艺和管理理念，优化升级其优势产业，大力发展支柱产业，从而进一步增强本地的产业基础，做大做强优势产业与支柱产业，增进其在研发、营销等价值链高端环节的价值创造能力。补链产业对于承接地来说，是政府为优化产业结构、构建完整产业链所急需引进的产业，承接地政府要通过提供各种优惠政策，增强引进吸引力。从产业承接中的三大产业关系来看，支柱产业与优势产业之间是优化发展的关系，补链产业与支柱产业、优势产业是补充发展的关系，它们共同促进了产业转移双方的产业结构调整与经济发展。

---

① 吴勤堂. 2004. 产业集群与区域经济发展耦合机理分析. 管理世界, (2): 133-134, 136.

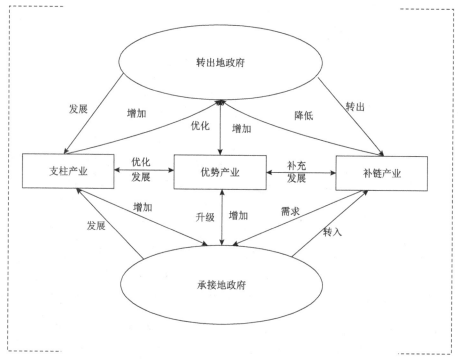

图 5-3　产业之间的静态耦合模式

2. 产业之间的动态耦合模式

动态耦合模式主要包括外层耦合和内层耦合，其中外层耦合是指承接地政府通过制定优惠政策、完善配套产业等措施招商引资，吸引转出地政府在本地区投资设立企业，实现转出地产业与承接地政府、转出地政府与承接地产业之间的耦合。如图 5-4 所示，外层耦合是通过政府发挥推动作用实现产业转入，通过行业协会等第三方服务机构与转入产业互动，为承接地政府与转入产业搭建沟通的桥梁。内层耦合是动态耦合的核心部分，是指转出地产业与承接地产业之间的耦合，是通过产业自身需求和市场作用拉动形成的，呈现出明显的动态特征。

在发展低碳经济的要求下，承接地与转出地基于自身需求，进行产业的对接与转移。承接地产业具有政策优惠、资源供给丰富、市场需求较大等优势，对转出地产业具有较大的吸引力，不断吸引产业转入；转出地产业在发展过程中面临着市场饱和、本地发展受限、进入和退出壁垒较高、环境容量压力大的困境，为产业转移提供了强有力的牵引力，不断推动本地产业向外转移。此外，两地产业在发展过程中都在不断寻求新的发展空间以提升其竞争力。因此，这些因素强力推动了两地产业之间产生对接需求。

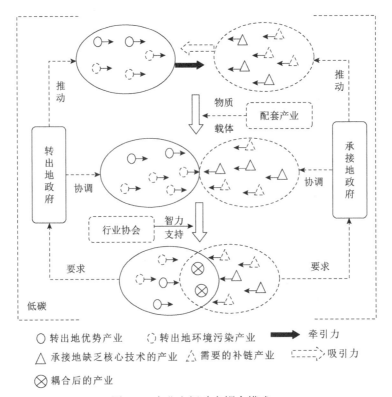

○ 转出地优势产业　⬠ 转出地环境污染产业　➡ 牵引力

△ 承接地缺乏核心技术的产业　△ 需要的补链产业　⤷ 吸引力

⊗ 耦合后的产业

图 5-4　产业之间动态耦合模式一

在对接过程中，两地政府要协调双方产业进一步增进了解。从转出地产业的角度来讲，优势产业为了开拓新的市场，将先进的生产线、技术、经验和管理方式向承接地产业注入，承接地政府为转入产业提供优惠政策，助推其经济效益提升，为其生产技术的改进提供新的思路。转出地对环境污染较大的产业，在承接地政府与社会的双重压力下，主动或被动地向其他区域转移。从承接地产业的角度来看，缺乏核心技术的产业为提高市场竞争力，需要主动承接外来产业，以解决技术短缺瓶颈，同时急需补链产业来完善本地的产业链。

最终，经过持续的对接、碰撞和互动，产出地产业与承接地产业实现了耦合，形成了新的耦合后的产业。转出地产业已经成为承接地产业体系的一部分，既享受了承接地的优惠政策，也为承接地产业结构完善增添了动力。可见，产业之间的耦合是促进转出和承接两地在低碳经济视域下进行产业转移的核心，是实现两地经济效益与生态效益耦合的有效形式，而外层耦合关系的建立是实现内层耦合的重要保障。

西部地区在低碳背景下承接产业转移，是两地产业之间的一种动态耦合。产业转出地与承接地之间的产业经过碰撞、渗透、吸收、融合等阶段，产业耦合程度逐渐从低变高，从而实现产业的优化发展，进而带动产业转出地、承接地的低碳经济的发展。如图 5-5 所示，在承接产业转移的初始阶段，转出地的产业并没有进入承接地，只是在某一方面发展交流碰撞，为产业耦合提供了契机。经过初始阶段的磨合，转出地产业被承接地优惠的政策和条件所吸引，开始将产业逐渐转入承接地，并通过双方文化、技术、市场、人才等实现了彼此渗透。承接地产业为了实现自身的发展，大部分产业都接受了外来产业要素，并吸收了先进的管理、技术、工艺、渠道等要素，但也有部分产业因为彼此理念不同而拒绝吸收外来产业的要素。吸收了外来产业要素的承接地产业，经过消化引入的资源，逐步形成新的发展模式，并与转入产业逐渐融合，形成区域内新的品牌与形象，从而提升了产业的竞争力，也提高了区域的经济发展水平。在整个转移过程中，政府低碳政策的准入与监管、引导与约束、协调与控制机制是促进产业耦合必不可少的条件之一。

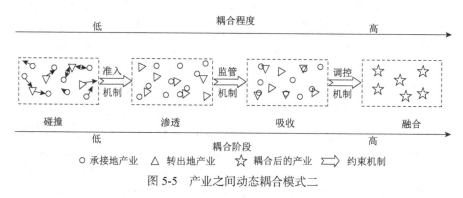

图 5-5　产业之间动态耦合模式二

5.3　西部地区承接产业转移战略模式的选择与转化

无论采用何种产业转移战略模式，承接产业转移的主体都需要做出战略选择，选择适合的战略方式开展承接活动。在三类承接模式中，前两类是从区域、政策等宏观角度出发构建的模式，具有指导性；耦合模式是从微观的视角，基于产业之间耦合过程而构建的模式，具有针对性。因此，以承接产业转移中的耦合模式为代表，基于波士顿矩阵（又称 BCG 矩阵）的战略规划分析方法，将低碳经济视域下承接产业转移模式中的核心要素组合作为一个整体进行分析，来寻求最优要素组合和最佳解决方案。因此，从效益、目标的角度，分为产业优化度与低碳发展度两个维度，来制定承接产业转移模式的战略选择方式。如图 5-6 所示，纵轴是承接产业转移过程中转入产业优化的程度，表示在承接产业转移过程中经济效益的实现状况，横轴是产业的低碳发展度，表示双方产业实现低碳发展的程度，这两个基本参数，决定了西部地区在承接产业转移过程中，每个主体应当选择承接何种产业。

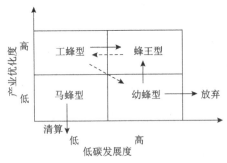

图 5-6　西部地区承接产业转移的"产业优化度—低碳发展度"耦合矩阵

　　根据这两个维度程度的高低，将耦合模式分为四种类型，每种类型都有各自不同的特点。①马蜂型战略是指产业发展优化程度低，也不重视低碳收益率的一种耦合战略，这种耦合只是流于形式，并没有给耦合双方带来实际利益。②幼蜂型战略是指产业双方之间耦合的低碳发展度高，但产业优化程度却很低的一种战略，虽有利于实现生态效益，却忽视了经济效益的实现。作为以追求经济效益最大化的企业，往往不会选择这一种发展战略。③工蜂型战略是指双方在耦合过程中产业发展优化程度较高，但低碳发展度较低的战略，这种战略往往是以牺牲生态环境来换取经济效益的战略，现实中绝大部分产业采取了这种战略。④蜂王型战略是指耦合的双方产业发展优化程度、低碳发展度都比较高的战略，这是低碳经济视域下产业转移急需的一种战略方式，代表了最优经济效益和最佳低碳发展的耦合方式，是西部地区承接产业转移最优的耦合战略。

　　在承接产业转移的过程中，产业转移的主体应该根据西部地区的实际情况，实施四种战略中某种战略或战略组合，而且四种战略之间可相互转化，其转化路径有以下几种。①采用马蜂型战略的产业在两个维度上都缺乏优势，因此会被市场淘汰。②采用幼蜂型战略的产业，随着生产效率的提高，市场竞争优势逐渐增强，产业优化程度提高，开始向蜂王型战略转化。但是，如果在发展过程中，一味地注重低碳发展度的提高而忽视产业优化，在竞争激烈的市场中，这样的产业则会逐步被淘汰。③采用工蜂型战略的产业在发展中采用清洁生产方式和先进技术，提高生产效率，向蜂王型战略转变。反之，若不寻求改变，则会向幼蜂型战略转变，甚至会被市场淘汰。④采用蜂王型战略的产业，有效地实现了产业优化效益与低碳发展效益之间的平衡，是西部地区承接产业转移最优的战略选择。

第 6 章

低碳经济视域下西部地区承接产业转移战略路径
——以重庆两江新区为例

西部地区承接产业转移战略模式的构建，使总体上的承接思路上更加清晰，而在具体承接实践中，需要依据一定的路径来开展承接活动，才能使承接过程更加有序。生态工业园区是承接产业转移的重要载体，能引导转移产业向园区集中并实现协同发展，有利于发挥产业集群和产业链的规模经济与范围经济效应，也有利于推进节能减排工作。因此，本章在低碳经济视域下，以生态工业园区为具体承接载体，以地处西部地区的重庆两江新区为例，构建了"识别—建立—融合"的承接产业转移的战略路径，并通过协同、激励、补偿、传导、联动五大实施机制，实现对目标产业的承接。

6.1 承接产业转移的载体：生态工业园区

6.1.1 生态工业园区的含义

工业园区是指一大片的土地被若干企业同时使用，其特征是企业间共用基础设施并紧密相邻。[1]可见，产业园区是由紧密聚集在一起的、共用基础设施来寻求发展的企业组成的。

生态工业园区（eco-industrial parks，EIPs）是工业园区中的一类，但又与一般的工业园区有明显的区别。1995 年，科泰（Côté）和霍尔（Hall）界定了生

---

① Peddle M T. 1993. Planned industrial and commercial developments in the United States: a review of the history, literature and empirical evidence regarding industrial parks and research parks. Economic Development Quarterly, 7 (1): 107-124.

态工业园区的定义，认为它是保护自然资源和经济资源，降低生产、材料、能源、保险和治疗等成本，提升运转效率、质量、工人健康与公共形象，并为从废弃材料的利用与销售中获得收益提供机会的一个产业系统。[①]他们的定义更加宏观，不仅涉及环境问题，还包括工人健康、公共形象等内容。同年，洛（Lowe）、莫兰（Moran）和霍尔默斯（Holmes）也提出了该定义，认为生态工业园区是制造业与服务业企业通过在管理环境和包括能源、水与材料等资源问题中的协作，而寻求提升环境绩效与经济绩效的一个群落，通过协同合作，企业社区实现的集体利益大于每个企业利益的总和。[②]国内学者金永红、吴江涛从循环经济视角出发，认为生态工业园区是根据循环经济的理念、工业生态学的原理及清洁生产的要求而规划建立的一种新型产业园区，是循环经济在工业领域一定区域层次的具体体现。[③]该定义主要强调了生态园区建设的理念。相对来讲，洛等的定义主要聚焦于园区企业间的协同合作，以及实现环境与经济的平衡，因此与本书的观点更为契合。

6.1.2 重庆生态工业园区的发展

2010 年，发布了《国家发展改革委关于开展低碳省区和低碳城市试点工作的通知》（发改气候〔2010〕1587 号），重庆在试点范围内。重庆政府主动而为，实施了低碳产业园区、低碳试点城、低碳服务平台、碳交易试点、低碳规划等政策及措施。因此，重庆以生态工业园区为载体承接产业转移显得尤为重要，其中以国家级新区——重庆两江新区为典型代表。自 2010 年 6 月成立以来，两江新区积极建设绿色低碳新区，加快发展循环经济和低碳产业，推动低碳服务业发展。可见，发展低碳经济、建立绿色产业体系、加强低碳服务支撑是两江新区发展的主线和基调，也是国家设立两江新区的出发点。

在行业分布上，重庆两江新区在汽车、装备制造、电子信息、航空、云计算、物流、金融等重点行业，均有知名外资企业转入，而且两江新区的要素成本低，水、电、天然气、土地、劳动力等综合成本仅是东部沿海的六成左右，产业用地的成本和配套建设的费用也远低于东部地区。[④]可见，重庆两江新区在发展理念、产业类型、产城融合等方面，均呈现出明显的绿色、低碳特点，符合生态工业园区建设的标准和要求。

虽然重庆两江新区具有比较好的低碳发展基础，但应注意到仍存在一些问题

---

① Côté R P, Hall J. 1995. Industrial parks as ecosystems. Journal of Cleaner Production, 3(1-2): 41-46.

② Lowe E, Moran S, Holmes D. 1995. A fieldbook for the development of eco-industrial parks. Report for the U.S. Environmental Protection Agency. Oakland (CA): Indigo Development International.

③ 金永红, 吴江涛. 2008. 生态工业园区建设的理论基础与现实发展研究. 科技管理研究, (1): 116-118.

④ 高亮, 李文豪. 118 家 500 强云集两江新区成内陆经济增长"内核". http://cq.cqnews.net/jjxw/2013-05/16/content_26046392_2.htm[2016-09-23].

亟待解决，表现为园区快速发展与碳排放之间"挂钩"的困境，仍未得到有效缓解和遏制；园区低碳产业链碎片化，整体上能效水平较低；工业占三次产业比重仍然较大，资源能源耗费相应增加；高新技术产业、战略新兴产业、物流业虽有较大发展，但推进动力不足，一定时期内很难拉动产业结构升级；两江新区各区域间目标协同与政策互补欠缺，产业要素与配套资源难以有效整合运用；企业员工主要从事技术含量低的零部件加工和装配工作，专业技术能力不够强，难以适应附加值高的生产要求；产业间协同创新意识欠缺，技术创新体系建设滞后，创新驱动发展的潜力尚未真正激发出来，对产业的创新支撑乏力。因此，在承接产业转移的过程中，两江新区必须协调好低碳发展与产业转移之间的关系，通过二者的相互促进，破解面临的发展困境，同时推进生态工业园区的建设和升级。

重庆生态工业园区与传统工业园区的定位不同，承担着转变经济发展方式与实现生态化、科学化发展的任务。因此，在承接产业转移中，应有选择和取舍，在考虑环境承载力的前提下，主要承接重庆自身具有发展优势、发展潜力大且能够完善本地产业体系的产业，能够拉动产业转型、增强创新活力的产业。同时，除了主体上引进生态、低碳产业之外，还应注意引进低碳配套、低碳服务的专业组织、知识产权组织与行业组织，发挥其专业服务作用与支撑功能，使产业体系和服务体系之间增进协同与融合，从而实现生态工业园区低碳系统的发展与优化。

6.1.3　生态工业园区与承接产业转移的关系

如图 6-1 所示，生态工业园区与承接低碳产业转移之间是相辅相成、相互促进的关系。一方面，《国务院关于中西部地区承接产业转移的指导意见》（国发〔2010〕28 号）指出，把产业园区作为承接产业转移的重要载体和平台，促进承接产业集中布局，可见工业园区本身具有承接产业转移的重要功能。而生态工业园区因为固有的生态环境保护、清洁生产和循环经济的性质，既是承接产业转移的现实载体，又是保障转入产业实现低碳发展的生态空间，因此更符合低碳经济视域下西部地区承接产业转移的要求，转入产业通过入驻生态工业园区而获得实现。另一方面，生态工业园区主要是承接低碳、高效的产业类型，通过转入企业先进生产工艺、循环技术运用、生产低碳产品等先进技术和理念的注入，进一步促进生态工业园区生态优化和循环能力的提升，助推园区转型升级。因此，生态工业园区与承接产业转移之间通过满足彼此的需求，实现园区转型与转入产业低碳发展，进而形成园区与转入产业协同发展的良好局面。

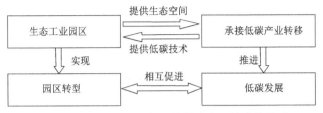

图 6-1　生态工业园区与承接低碳产业转移的关系

6.2　重庆生态工业园区承接产业转移的战略路径

在保护生态环境的国际趋势和我国生态文明建设的大力推动下，自 2000 年以来我国生态工业园区相继建立，生态工业园区要实现园区生态化，就要走产业生态化、产业低碳化之路。由此，从产业转移的角度，以承接地与承接转移产业之间的关系为逻辑起点，通过承接识别、承接实施、承接实现、承接评估、承接反馈，建立了"三个过程环节+两个控制环节"的"3P2C"战略路径（图 6-2）。3P（three process）是指承接地从选择转入产业，到承接地与转入产业关系的建立和成熟，是通过承接识别、承接实施、承接实现三个过程来实现的，转入产业能实现与承接地产业的融合及互补，则可进入关系调试阶段，如果不能实现承接又要进行重新识别。2C（two control）是指在关系调试阶段的两种控制方式——承接评估和承接反馈，转入产业实现承接后要对其进行评估是否符合产业低碳化、产业协同度、园区生态化的标准，并进行承接反馈。如果符合则适合承接，再次进入承接实施阶段，如果不符合则不宜承接。

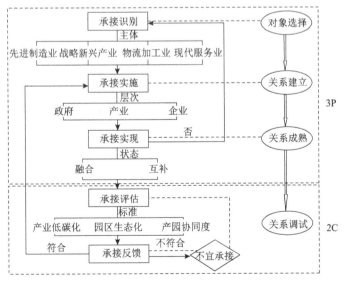

图 6-2　重庆生态工业园区承接产业转移的"3P2C"战略路径

6.2.1　承接识别

承接识别是战略路径中的第一步，是"把关"的基础一环，决定着园区的长期竞争优势，影响着园区在承接实施和承接实现阶段的发展。重庆生态工业园区在承接产业转移时，对承接产业的识别是通过识别方法和识别主体来进行的。

1. 识别方法

重庆生态工业园区对承接产业的识别，一方面可以根据比较成熟的生态工业园区所成功承接的产业，实现借鉴式承接；另一方面可以通过对生态工业园区的SWOT分析，结合重庆承接产业转移的状况，进行产业选择。

1）经验借鉴法

重庆生态工业园区（如两江新区）在承接产业识别上，可以借鉴"前人"的宝贵经验。重庆两江新区成立之时，上海浦东新区和天津滨海新区已发展得较为成熟，二者在产业布局及承接产业的识别上能够给重庆两江新区提供较好的范式。在产业选择的实践中，可以将原有标准和新标准综合起来加以运用。[①]因此，重庆两江新区结合自身的发展定位和产业规划，识别出应该承接的产业。

2）SWOT分析

每个地区的生态工业园区具有各自不同的特点和发展需求，重庆也不例外，除了采用经验借鉴法对优质产业进行承接，还可以结合两江新区的优势、劣势、机会、威胁，做出综合研判，进行产业选择。如表6-1所示，重庆两江新区的优势和机会不少，如优惠政策体系已经比较完备，但其劣势也不少，尤其表现为产业集群效应仍不够显著，集而不群，集群之间、产业之间、企业之间未能形成发展合力，致使产业竞争力难以提升，同时大部分企业研发能力、创新能力、营销能力等在价值链高端的价值创造能力不够强。因此，实现集群发力、创新驱动，是两江新区迫切需要通过承接产业转移加以解决的关键问题。

表6-1　重庆两江新区产业环境SWOT分析

类别	内容
优势	产业布局合理："一心四带八基地"，"6+3"核心产业体系
	区位条件优越："渝新欧"大通道提供了便捷的物流通道和广阔市场；水、电、天然气、人工等成本较低，公共设施配套完善
劣势	产业发展存在短板：虽然制订了高端装备、机器人、医药等产业的发展规划，但缺少核心企业的带动和引领；代工生产多、自主创新少等
	园区虽功能定位明确，但聚集企业少、规模小、缺乏集群效应；园区低碳产业发展速度缓慢

---

① 郭克莎. 2003. 工业化新时期新兴主导产业的选择. 中国工业经济, (2): 5-14.

类别	内容
机会	国内外发展低碳的趋势:《京都协定书》《哥本哈根协定书》等要求各国降低排量;重庆列入"低碳省区和低碳城市试点五省八市";悦来片区获批低碳生态试点城建设等
	两江新区政策优惠:西部大开发优惠政策,内陆自贸区政策,内陆保税港区政策,比肩浦东、滨海新区的开发开放政策等
威胁	国内外转入产业对当地产业的影响:电子信息产业大量转入对汽车产业市场份额的冲击;世界五百强企业入驻对原有优势企业的冲击

2. 识别产业

根据重庆生态工业园区存在的问题和发展诉求,应选择承接生产工艺先进、带动产业转型、维护生态安全的产业,推动生态工业园区乃至重庆低碳发展能力的提升。在考虑经济效益、环境容纳力、自身产业基础的前提下,主要选择承接四种类型的产业,即先进制造业、战略新兴产业、物流加工业、现代服务业,如图 6-3 所示。

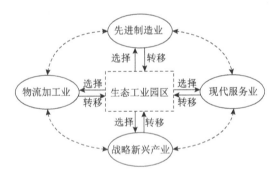

图 6-3 重庆生态工业园区选择承接的产业类型

1)先进制造业

相比于传统制造业,先进制造业在产品生产、管理的全过程,显著拓展及增加了高新技术、现代技术运用的范围和程度,包括新能源、新材料、高端装备产业、节能环保、航空、生物、医药等产业。例如,在重庆两江新区中,鱼复工业开发区、龙石先进制造区定位为先进制造业区域,主要发展信息技术、新能源汽车、高端装备等先进制造业。因此,在识别转移产业时,应根据园区已有产业并结合产业定位进行选择,承接技术补给产业、突出重点发展产业,加快先进制造产业的集聚。

2)战略新兴产业

2010 年 10 月,《国务院关于加快培育和发展战略性新兴产业的决定》指出战略新兴产业是以重大技术突破和重大发展需求为基础，对经济社会全局和长远发展具有重大引领带动作用，知识技术密集、物质资源消耗少、成长潜力大、综合效益好的产业，现阶段重点培育和发展节能环保、新一代信息技术、生物、高端装备制造、新能源、新材料、新能源汽车等产业。因此，战略新兴产业的发展打破了区域发展困局，是建设现代、低碳的产业体系的重要契机。重庆生态工业园在承接产业转移中，应根据战略性新兴产业的特征，立足重庆的产业基础进行产业选择。例如，重庆两江新区的水土高新技术产业园，结合园区产业基础和重庆大力发展低碳经济的背景，选择 IT 终端、机器人、云计算等战略新兴产业。

3）物流加工业

物流是使货物经过采购、运输、保管、仓储、装卸、包装、流通加工和配送等环节而有效流动的一种经济活动。[1]根据其各个环节，物流业主要包括运输业、仓储业、保管业、装卸业、包装业等。例如，重庆两江新区的空港工业园区、港城工业园区、寸滩港物流园区，将主体功能定位为物流产业，在选择承接产业时应突出承接物流信息业、仓储物流业、保税加工业。

4）现代服务业

现代服务业是随着信息技术、经营理念的发展和转变而发展起来的新型服务产业。依据其特性，现代服务业又可分为生产性、生活性两类不同的服务业。例如，重庆江北嘴中央商务区结合金融中心建设的特色，承接以金融保险业、计算机软件业、商务服务业等生产性服务业；观音桥商贸核心区结合自身定位承接以旅游业、商贸服务、房地产业、文化创意业等产业为主的生活性服务业。

6.2.2　承接实施

在完成承接识别后，承接地与转入产业的关系建立于承接实施阶段。将识别的产业引入生态工业园区中，从政府、产业、企业不同的交叉和整合层面，通过实施协同机制、激励机制、补偿机制、传导机制、联动机制，促进转入产业持续发展。

重庆生态工业园区对选择的产业实施承接时，以两江新区为例，可采用如图 6-4 所示的五种实施机制，推进对转入产业的承接。

第一，协同机制。重庆生态工业园区承接产业转移所涉及的利益主体众多，包括重庆市政府、转出地区行政主体、两江新区行政主体、两江新区管理委员会（简称两江新区管委会）、重庆两江新区开发投资集团有限公司（简称两江新区开投集团）、各工业园区、本地产业、转入产业等。要协调好众多主体的利益和关系，需要以区域层次的重庆市委、市政府为主导，通过层层传导，将各参与主体协同

---

① 傅新平. 1996. 论物流的概念、功能与发展趋势. 武汉交通科技大学学报(社会科学版), (1): 43-46.

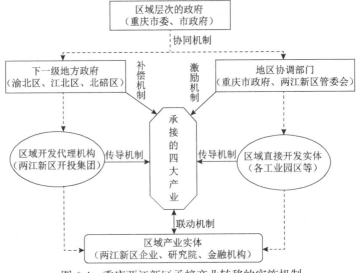

图 6-4　重庆两江新区承接产业转移的实施机制

起来，推进相互之间紧密协作与配合，推进四大产业的承接。同时，依托各级政府和两江新区管委会的政策支持，以工业开发区、创业园为载体，发挥市场的资源配置作用，落实各项微观政策。一方面，各级政府部门和园区管理委员会（简称管委会）对承接产业给予奖励与优惠政策，在税收、用地、资金、人才等方面为转入产业提供了坚实的保障，增强了对外地产业的吸引力。另一方面，通过政策的引导效应、约束效应，为转入产业发展成为低碳型产业提供制度约束。因此，政府需要通过奖励与惩罚、激励与约束保障承接产业的健康发展。

　　第二，激励机制。由重庆市政府与两江新区管委会共同出资，为转入企业设立"政银企"专项资金，以贴息贷款、无息贷款的方式，对获得贷款支持的转入产业提供补助。对符合新区产业规划和发展需求的大中型转入产业，通过综合评估与竞争式遴选相结合的方式给予扶持。对企业研发低碳技术、环保节能技术、新能源开发技术及产业关键技术攻关，提供适当比例的无偿补助。对超额完成节能减排任务、形成重大科研成果、获得国家科技奖励、获得核心技术发明专利的产业给予奖励，以奖代补，调动本地产业与转入产业协同开展技术创新活动。

　　第三，补偿机制。两江新区的地方行政组成部门，即渝北区、江北区、北碚区共同实施补偿机制。一方面，健全风险补偿体系和担保体系，通过两江新区和三个行政区的财政预算，设置专项补偿基金，在对转入产业进行目标考核和绩效评级的基础上，提供相应资金奖励、效益补偿与优惠税费政策支持。另一方面，建立风险准备金制度，由政府、企业与民间资本共同出资设置两江新区风险补偿基金，对相关的银行机构、担保机构、投资基金等进行风险补偿。

　　第四，传导机制。随着产业转移的深入和产业集群规模的扩展，生态工业园区发展将通过市场在资源配置与要素流动上的活力，形成跨区域、跨部门、跨行业的网络集聚关系和要素优化重组。同时，逐步打破行政区划限制，朝经济区建设的方向发展，以在空间载体上满足产业集聚发展的要求。两江开投集团和各工业开发区、创业园区等在低碳发展上形成共识，按照国家、重庆市和园区相关政策，以及环保和产业技术标准，确定入园产业，在空间、资金、信息、人才、技术和市场等多方面为四大产业的转入提供政策支持。

第五，联动机制。该机制运用于两江新区企业、研究院、金融机构与转入产业之间。一方面，通过平等地享受户籍制度、社会保障、医疗卫生、就业等政策和民生资源，为转入产业提供生产要素保障和基本公共服务保障，增强其归属感，最终形成两江新区产业实体与转入产业的"共生效应"。另一方面，推动两江新区产业实体和转入产业在信息、技术、资金、业务、运营等方面的流动与共享，促成两江新区的园区之间的开放性、包容性合作，创建共生关系网络和利益共同体。

6.2.3　承接实现

转入产业与承接地关系建立之后，则进入关系成熟阶段。通过与承接标准和承接规划的比较，判断转入产业能否实现与承接地产业的融合及互补，若实现有效承接、成功承接，则可进入关系调试阶段，否则又须回到承接识别阶段，重新进行产业选择。

1. 实现标准

在实施承接之后，转入产业得以在承接地入驻，但并未真正达到承接实现的程度。承接实现的标准可以通过理念、技术、规制、机制四个维度（表 6-2），判断其是否融入了重庆生态工业园区。

第一，首要的判断标准是理念上的标准，从转入产业是否具备绿色发展理念来总体上进行判断，从生态化、低碳化、集约化的程度来考查转入专业是否遵守低碳发展的标准。第二，在技术上，转入产业是否实现核心技术、关键技术、互补技术的研究与利用和共享，是否在生产和经营中加强了低碳技术、节能环保技术的运用，在这些技术领域完成得好的产业，说明其在园区中具有较强的归属感和极高的融合度。第三，在园区规制方面，重点是看准入规制、生态补偿机制、行政问责制、环评考核、环境税收等的执行程度，执行程度越好，执行力度越大，则转入企业融入生态工业园区的效果就越好。第四，在管理机制上，主要体现为政府、园区管委会、转入产业、开发机构等多主体之间的协同机制、激励机制、补偿机制、传导机制、联动机制的功能发挥情况，需要注意这五种机制之间的交互、分工与整合，分层次、整体性推进转入产业的融合。第五，在管理体制上，可采用公司制与混合型的组织管理模式，缓解政府压力，发挥市场机制作用，调动各主体的积极性，创建顺畅、高效的管理模式，减轻转入产业的负担和降低发展成本，使其自愿自觉主动地融合到生态工业园区的发展之中，形成园区与转入产业的利益共同体。

表6-2 重庆生态工业园区转入产业承接实现标准

维度	实现标准
理念	绿色发展理念；生态化、低碳化、集约化发展的程度
技术	核心技术、关键技术、互补技术、低碳技术、节能环保技术
规制	准入规制、生态补偿机制、行政问责制、环评考核、环境税收
机制	协同机制、激励机制、补偿机制、传导机制、联动机制

2. 实现状态

如图6-5所示，承接产业转移实现是一个动态的过程。从开始承接之前，依据重庆生态工业园区的优势产业、传统产业的需求选择转入产业，转入产业识别为战略新兴产业、先进制造业、物流加工业、现代服务业四大产业，又可分为优质潜力产业和补链产业两类，优势产业为优质潜力产业奠定产业基础，传统产业为补链产业提供发展空间。随着转入产业与承接地产业关系的建立，通过协同机制、激励机制、补偿机制、传导机制、联动机制五大机制实施承接，转入产业与承接地产业相互渗透、相互磨合，双方融合产业、互补产业的效果初显。经过第二阶段的磨合，根据承接实现标准，判断转入产业是否已融入承接地产业，实现融合和互补的状态。如果转入产业和重庆生态工业园区产业的实现状态为融合与互补，即优势产业与优质潜力产业形成新的支柱产业、传统产业与补链产业整体形成了具有完整产业链的产业体系，则适宜承接，进入关系调试阶段；反之则不适宜承接，放弃现已承接的产业，重新进入承接识别阶段进行产业识别。

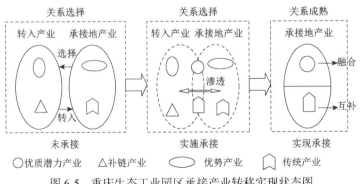

图6-5 重庆生态工业园区承接产业转移实现状态图

6.2.4　承接评估

承接评估和承接反馈，是重庆生态工业园区承接产业转移战略路径的关系控制调试阶段，也是最后的两个阶段。对于重庆生态工业园区承接产业转移的评估，可从产业低碳化、园区生态化、产园协同度三个方面来进行。产业低碳化是指转入生态工业园区后，在生产的全流程中树立绿色发展理念，加强低碳技术研发与节能减排，从而提高清洁生产的水平。它反映转入产业按园区低碳生产的状况，持续自我调适，向低碳产业发展迈进的状态，可以从单位能耗、低碳产品生产、低碳设备运用、环境规制执行等方面来衡量。园区生态化是指产业转入后，园区的水、土壤、空气等环境状况保持良好，污水、废弃物得到及时有效处理和再利用的状态，可从单位时间的碳排放量、排污量、废弃物循环量等指标进行比较和测评。产园协同度是转入产业与园区及园区内产业之间的协同互利、和谐相处程度，是三方之间有效融合的反映，可以用园区对转入产业支持力、转入产业对园区的保护力、园区管理体制的顺畅度，以及转入产业与园区产业之间关系的融洽度、互补性、合作性等方面的信息来评估。

6.2.5　承接反馈

承接反馈是在承接评估后，对评估的信息进行反馈，对存在的问题及时调控纠偏，以保障产业承接发展方向的重要环节。作为承接主体的相关政府部门应综合各种情况和信息，对承接过程中出现的问题和漏洞进行修正，并结合实际进行改善。在反馈过程中，按重要程度，可依照园区生态化、产业低碳化、产园协同度的顺序进行处理。首先，应将园区生态化放在首位，对其存在的问题优先加以重视和整治，建立风险防范机制，否则会影响整个园区生态系统的运转，破坏园区的生态承载力。其次，产业低碳化直接影响园区生态化的进程，对于反馈发现的问题必须按园区的低碳规制和低碳标准，加以及时处置并进行环境问责。对于产园协同度方面出现的问题，需要一个循序渐进的处理过程，应从宏观上理顺体制机制、加强园区管理部门的监管力度、增进各主体之间的沟通等方面进行处理，优化主体间的合作关系，创建生态工业园区与转入产业的利益共同体。

总体来看，在生态工业园区承接产业转入的过程中，按照"承接识别→承接实施→承接实现→承接评估→承接反馈"的"3P2C"战略路径，通过各环节的推进、反馈和循环，能显著提升生态工业园区承接产业转移的综合能力，从而有助于实现重庆乃至西部地区承接产业转移的总体目标。

第 7 章
低碳经济视域下西部地区承接
产业转移绩效评价指标体系

在低碳经济视域下，构建起科学、有效的承接产业转移的绩效评价指标体系，有助于西部地区根据自身实际有选择地承接国内外的产业转移，有效规避转移风险，进而达到优化产业结构与保护环境的目的。基于此，本章构建了包括 5 个二级指标、15 个三级指标的西部地区承接产业转移绩效评价指标体系，并以重庆为实证进行绩效评价，以期为西部地区科学、合理地承接产业转移提供产业选择依据与政策制定依据。

7.1 绩效评价指标体系构建的要求

绩效常常运用到企业的管理实践之中，一般理解为绩效是业绩和效率的组合。绩效评价作为预测组织未来发展趋势的基本依据，是指采用科学的评价方法、特定的量化指标及评价标准，对组织绩效目标的实现程度，以及其相应预算的执行结果进行的综合性评价。[①]为保证绩效评价的完整性与准确性，必须做到事前制订评价计划，事中进行评价监督、考核，事后进行评价反馈，其基本要素包括评价指标、标准和方法等。

绩效评价作为一种重要的战略工具和方法，是管理者预测组织目标实现程度的重要手段，对于把握组织的整体情况、检测目标的达成度、保证目标实现的质量、发现存在的问题具有重要意义。通过绩效评价，可以保证各项组织目标的完成，及时改进管理方法及流程，甚至可以为人才未来潜力的挖掘和发展奠定基础。[②]

---

① 风笑天. 2009. 社会学研究方法. 3 版. 北京: 中国人民大学出版社.
② 黄超吾. 2002. 绩效评估与发展. 中国企业家, (4): 92-93.

进行绩效评价，首先应该构建一个科学、合理的指标体系，它对绩效评价的准确程度具有直接而显著的影响。因此，寻找合适的指标来构建指标体系，已经成为绩效评价研究的热点问题。从评价目标与任务的需要出发，能够全面地反映评价对象的一系列相互之间存在有机联系的评价指标构成较为完整的体系，它是各个评价指标的结合与汇总，是综合反映评价对象全貌的信息系统。[1]因此，只有在总体目标下设计评价指标，而且评价指标的集成能够真实反映出评价对象在某一特定领域的整体特征，才能得出科学、有效的反映评价对象本质的评价结论。可见，评价指标体系的合理构建是开展绩效评价的前提。

绩效评价指标体系的构建，一般包括评价指标初选、优选、量化与处理三个阶段，当然还需要结合具体评价要求进行考量。在初选阶段，传统方法倾向于选择相对客观的指标，注重指标的可量化性，忽视了指标的全面性和深刻性。[2]因此，应注意初选阶段选择的指标具有全局性和代表性；优选阶段则要根据评价对象的特点和评价目标，运用科学方法确定评价指标的数量；在量化与处理阶段，通常会借助无量纲化使各指标之间的标准统一。

此外，在构建绩效评价指标体系的过程中，需要按照以下几个主要原则展开。①科学性原则。评价指标体系要合理、严谨，且具有针对性。[3]②系统性原则。评价指标体系必须反映评价对象的全局，因此要分维度、分层次对承接系统进行指标分解，以反映出其本质性特征。③动态性原则。应充分考虑系统的发展性，要进行预测，不能只看结果而忽略过程。[4]④定性与定量相结合原则，既要通过定性指标在总体上反映评价对象的规律，又要通过量化使指标体系具有合理性和可比较性。

7.2　西部地区承接产业转移绩效评价指标选取的维度

绩效评价指标的选取，主要依据承接地产业现状及政企协同关系来进行选取，并运用关键绩效指标法（key performance indicator，KPI）对指标进行合理的筛选，构建起西部地区承接产业转移绩效评价的指标体系。关键绩效指标法是将重要、关键指标作为评估标准的方法。

7.2.1　承接地产业因素

发达地区产业的转入，促进了西部地区产业结构的升级和经济总量的提升。

---

① 邱均平，文庭孝等. 2010. 评价学：理论·方法·实践. 北京：科学出版社.
② 浦军，刘娟. 2009. 综合评价体系指标的初选方法研究. 统计与决策，(22): 20-21.
③ 熊一坚，倪筱楠. 2006. 企业绩效评价指标体系构建探讨. 企业经济，(12): 8-10.
④ 孙淑英，王秀村，刘菊蓉. 2006. 我国企业营销绩效评价指标体系构建的实证研究. 中国软科学，(1): 132-137.

但是，转入产业可能造成对承接地产业的"挤出"效应，使承接地产业发展空间缩减，从而阻碍承接地产业的发展。因此，西部地区应在充分考虑当地产业发展情况的基础上，有选择、有顺序、有层次地承接产业转移。

产业结构的优化，不仅是西部地区经济、社会与环境协调发展的前提，而且是全国产业结构优化的有机组成部分，是促进国民经济协调发展、均衡发展、共同繁荣的重要保证。①近年来，随着国家政策的扶持和西部大开发战略的深入实施，西部地区经济总量显著增加，促使基础设施显著提升和配套条件明显改善，吸引了国内外产业向西部地区转移，从而缩小了区域发展差距，促进了更为有效的产业分工体系的形成。

第一，承接产业转移在一定程度上加剧了西部地区生态环境的脆弱性，在低碳视域下，承接地的产业首先必须实现低碳发展，注重生态环境保护。因此，承接地应设立低碳发展指标，对那些非低碳的产业要促进其向低碳发展，进而使产业在低碳发展的环境下不断成长与壮大。第二，当各产业已基本具备低碳发展的条件，但是产业的布局、结构不合理等原因造成产业未做到优化发展，这不仅不利于产业自身的发展，而且会影响区域经济的发展。因此，对这样的产业需要不断进行优化，故承接地应设立产业优化发展指标。第三，为促进本地产业的发展，要对本地的弱势产业、发展状况不佳的产业实施扶持政策，采取产业之间加强联动、实现优势互补等措施。因此，针对这种情况，承接地应设立包容性发展指标。第四，选取理性发展指标作为绩效评价指标，主要是由于发展产业需要坚持理性思维的发展战略，不能没有选择、没有重点、没有方向地发展，在发展过程中必须要做到有主次、有重点、有层次，只有这样才能使当地产业经济得到可持续的发展。

7.2.2 主体间协调因素

为了更好地承接产业转移，要正确、合理地处理好各参与主体之间的关系，主要体现为转出地政府与承接地政府之间的协调、承接地当地企业与所承接的企业之间，以及承接地政府与转入企业之间的协调关系。正确处理好各参与主体之间的关系，不仅有助于提升两地政府的形象、声誉与促进企业的发展，而且对两地经济的增长都非常有利。因此，应将设立协调发展指标作为绩效评价的指标之一。

1）政府间协调

政府间协调主要是指注重政策方面协调与利益方面协调这两个方面。政策对于产业发展乃至整个社会发展都发挥着战略性与方向性的作用，产业的生命力如何，除了与自身的发展力有关以外，在很大程度上还要依赖于政策的扶持。产业转移本身就是一种很特殊、有别于土生土长的产业的经济体，受到产业转移双方政府的影响，所以为了更好地实现产业转移，双方政府应在税收、财政、金融等方面

---

① 刘静, 杨利峰. 2004. 浅析我国西部地区产业结构现状及产业发展的角色定位. 兰州学刊, (5): 121-123.

实施积极、优惠的政策。此外，产业转移必然会牵涉到两地政府之间的利益，为了更好地实现产业转移，需要双方政府紧密配合与协调，如产业承接地政府可以一次性补偿转移地因产业转移而遭受的损失，接纳转移地户籍的人员，降低其失业率。

2）产业间协调

转入产业通过与承接地产业共享市场、配套条件和生产要素，因此必定会和配套产业形成紧密的合作关系，同类型的产业可能会产生竞争，形成合作与竞争关系的交织网，这就要求产业之间需要具备一定的协同力，具体可从以下几方面进行协调与配合。一是人力资源方面。转入产业因为对环境陌生、对当地市场不熟悉，因此产业间在人力资源方面可以采取自愿共享的原则，以期实现对资源的有效利用。二是技术方面。产业间的生产、装配等技术具有相通性，尤其在低碳技术上大部分是相似、相近的，特别需要配套产业、同行产业在技术上对转入企业予以支持与援助。此外，产业间的协调还表现在市场、渠道、厂房、资金、人才等方面的协调。

3）政府与产业间协调

转入产业满足了承接地政府关于产业结构调整、促进产业布局完善等多层次的需求，而承接地政府则担负着促进转入企业获得再次发展的责任。因此，在低碳经济视域下，产业要实现成功转移，必须获得转出地及承接地政府的支持，并积极提升自身形象、履行社会责任，避免污染环境、超标排放、浪费能源等有损企业声誉的现象出现。作为经济发展和创新体系的主体，产业在争取政府支持的同时，还应发挥主观能动作用，让政府更了解产业的诉求，从而获得更大的发展空间。

综上，在低碳经济视域下，西部地区承接产业转移的绩效评价指标主要包括低碳发展指标、产业优化指标、包容发展指标、理性发展指标及协调发展指标，指标选取的技术路线如图 7-1 所示。

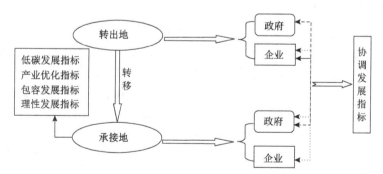

图 7-1　低碳经济视域下西部地区承接产业转移的绩效评价指标选取技术路线

7.3　西部地区承接产业转移绩效评价指标体系构建

指标选取与绩效评价结果之间有很大的关联性，指标选取直接决定着绩效评价的科学性，因此，选取合适的、关键的指标对绩效评价尤为重要。

7.3.1 低碳发展指标

在经济发展中，低碳化是产业发展的一种重要趋势，它在一定程度上直接或间接影响着一个产业的发展前景。低碳经济视域下的产业转移，要大力提倡低碳发展。[①]因此，对于低碳发展指标而言，将从政府、产业及企业三个层面来选择，即作为政府层面的低碳政策、产业层面的低碳规则及企业层面的低碳技术。

1）低碳政策指标

从政府层面来说，低碳政策是低碳发展的一个政策要素。低碳政策的制定、修改、出台与公布，都是由政府等相关部门负责的，企业和公众对其影响相对较小，企业主要是根据政府部门出台的政策执行其活动，并在政策规定的范围内开展活动。促进低碳发展，政府要充分发挥制定政策的优势，通过实施低碳发展的各种政策、文件和规划，来引导相关产业及企业发展低碳经济，促使各产业实现低碳发展。这是一种行之有效的低碳发展方式，具有一定的强制性和约束力。

2）低碳规则指标

从产业层面来说，遵守低碳规则，对低碳发展的作用尤为明显。在发展低碳经济视域下，以碳关税、碳配额、碳足迹为代表的低碳规则，已成为国际规则和一种新型的经济制度，对西部地区科学、有序地承接国内外产业转移有重大影响。为此，西部地区政府应通过完善低碳相关的法律法规、制订低碳发展规划和产业低碳发展指导意见、建设碳排放交易市场等举措，对实现低碳生产的产业给予奖励，使转入产业能自觉遵守低碳规则，开展节能减排行动，走低碳发展之路。

3）低碳技术指标

低碳技术指标主要是从企业角度来界定的，低碳技术的开发与运用对低碳发展起到了积极的作用。产业的低碳发展程度不高、高碳化现象严重的一个重要根源，就是在生产发展过程中对低碳技术的应用较少，甚至几乎没有利用过，只顾生产不顾低碳指标。因此，企业要实现低碳发展，必须大力发展和运用低碳技术，加强低碳技术研发，产出低碳技术专利和发明。在低碳技术创新、研发与应用上，采用国内技术开发与国际合作开发相结合的战略[②]，以实现低碳生产、低碳经营及低碳发展。

7.3.2 优化发展指标

优化西部地区产业结构，有利于促进经济发展提质增速，而产业的优化发展

---

① Xing X, Wang Y, Wang J Z. 2011. The problems and strategies of the low carbon economy development. Energy Procedia, 5 (5): 1831-1836.

② 徐承红. 2010. 低碳经济与中国经济发展之路. 管理世界, (7): 171-172.

则可通过产业布局优化、产业结构优化和促进产业和谐的方式来实现，即产业优化发展指标的三个二级指标，包括产业布局指标、产业结构指标及产业和谐指标。

1）产业布局指标

产业布局也称产业规划，主要是从产业空间分布与组合视角来界定的。产业布局如果不合理，会严重影响当地经济的发展程度。[①]在低碳经济视域下，产业布局可通过对不同产业、不同区域的碳排放量进行测定、比较和综合分析，来进行规划。合理的产业布局，有助于发挥各产业的资源优势，激发各产业的发展潜能，还有利于实现协同、互补发展，使产业在区域之间有序转移成为可能。

2）产业结构指标

产业结构主要从第一、第二、第三产业规模的合理化程度来说明。三大产业要根据西部地区经济发展的实际情况，寻得结构合理、协调和均衡，尽量避免出现失衡状态。为了调整产业结构，应着力发展聚集型的低碳产业链，推动能源、资源低碳产业链的循环利用，从而优化能源结构。[②]此外，发展低碳经济，要重视三大产业的低碳化程度与低碳化水平的提高，推进产业结构朝低碳化方向转型发展。经过结构优化的产业，其系统运行更加稳定、高效，有利于实现优势互补、互为支撑与相互促进。

3）产业和谐指标

产业和谐指标立足于产业的内外部关系，不仅产业内部要保持和谐，产业之间也要相互协作。[③]当今，在低碳经济发展背景下产业的和谐关系，体现为产业内外部之间相互沟通交流低碳化发展途径、合作研究低碳技术、实行低碳化联合生产等方式。由于各种原因，各个产业都会存在缺点和弊端，而处理好与其他产业的关系，将直接有利于实现自身产业的低碳发展，也间接地对其他产业的低碳发展起到促进作用，从而提高整个产业系统的低碳化程度。

7.3.3　包容发展指标

产业若要实现包容发展，离不开政府的扶持和产业间的相互帮助，也离不开企业员工的拥护与支持。因此，包容发展指标主要包括政府层面的转型发展指标、产业层面的互补发展指标，以及企业层面的内聚发展指标。

1）转型发展指标

该指标主要是指通过政府履行政策、服务、资金、信息等方面的职能，为产业提供指导与帮扶，使产业在传统发展方式基础上转向低碳发展方式。在低碳经

---

① Zeger D, Willy G, Raf J. 2002. Alternative formulations for a layout problem in the fashion industry. European Journal of Operational Research, 143(1): 80-93.
② 徐承红. 2010. 低碳经济与中国经济发展之路. 管理世界, (7): 171-172.
③ Cynthia K. S. 2011. Industry relations. Journal of Vascular Surgery, 54 (3): 1S-2S.

济发展的浪潮下，对当地低碳化水平不高或高碳化的产业提供必要的扶持，使其向低碳化转型发展显得更为重要。[1]因为这些产业一旦得以转型，当地的产业结构与产业发展会发生巨大的变化。

2）互补发展指标

在一定程度上，互补发展能够节约各种社会资源，实现资源的优化配置。作为产业间的互补发展同样具有这方面的性质。[2]采用发展碳交易、碳配额、低碳政策等方式发展低碳经济，促使各产业之间加强低碳规则、低碳技术、低碳产品及低碳文化等方面的互动和协作。不同产业的优势得到发挥，有利于实现产业"双赢"的局面，从而增强产业的低碳发展能力。

3）内聚发展指标

内聚发展是指在一个企业中，通过紧密围绕低碳发展目标，使管理者、技术人员、基层员工相互配合、支持和分享，成功实现预定目标的一种状态。因此，员工的拥护与支持，对企业的发展具有强大的内聚效应。企业领导要正确处理好与员工之间的关系，通过采取各种激励手段和方法，调动广大员工的主动性、积极性与创造性，并塑造符合组织特点的低碳文化，使员工牢固树立低碳发展理念。受到企业低碳文化的影响，员工会将低碳理念积极运用到企业生产、经营和管理过程中，从而为企业实现低碳发展与承接产业转移做出积极贡献。

7.3.4 理性发展指标

产业的理性发展，就是指在产业发展的过程中，根据当地产业基础及产业布局，选择承接本地急需的、具有产业带动力的、能够补充本地产业链的产业，从而使本地产业与转入产业协同发展，而不能为了引进而引进，或无原则、无标准地引进。因此，理性发展指标，主要有择优发展指标、层次发展指标及适度发展指标。

1）择优发展指标

承接地应该根据本地产业实际发展情况，在分析、调研、预测与判断基础上，有选择性、针对性地发展当地需要重点发展的产业，并有针对性地进行承接。在承接的产业中，会涉及一些高碳产业、低碳产业及非高碳也非低碳的产业，首先要考虑低碳产业，其次是非高碳也非低碳的产业，同时要禁止高碳产业的转入。此外，在产业选择过程中，还要考虑该产业的未来发展是否具有潜力、是否与本地产业互补等因素，做到理性选择和承接。

2）层次发展指标

产业的层次发展体现在产业发展的优先顺序上，即处于不同层次的产业发展

① Nick J, Tim F, Andy G. 2013. Skills constraints and the low carbon transition. Climate Policy, 13(1): 43-57.
② 孙早, 席建成. 2013. 产业互补、协调失灵与企业的关联创新. 当代经济科学, (2): 43-51, 125-126.

优先顺序不同。在低碳经济视域下，按产业层次进行承接时，要充分考虑到当地产业的低碳化发展状况，将需要发展的产业按优先顺序进行排序，形成一幅层次结构图。低碳化程度高的产业将位于层次结构图的最上方，这样的产业应该优先承接，对处于中间层的产业要逐步承接，处于底层的产业可能并非本地要大力发展的产业，对拉动经济发展的作用也不大，将暂缓或延后承接，从而形成一种分层有序的产业承接结构。

3）适度发展指标

适度发展主要指承接地在承接产业转移过程中，要做到有步骤、有顺序和循序渐进，不能急于求成，避免陷入一哄而起又一哄而散式的承接误区。因此，承接地要根据自身产业布局存在的问题，制订产业发展的中长期规划，并按照此规划，有计划地推进承接进程。在低碳经济发展的情况下，主要是针对当地缺少的关键产业、核心产业与低碳产业开展承接工作，特别要注意避免出现为了扩大承接规模而破坏生态环境的现象。因此，推进产业适度发展需要经历一个渐进的过程，只有适度承接产业转移，才具有使转入产业与本地产业拥有足够的空间实现低碳发展。

7.3.5　协调发展指标

协调发展指标是指在产业转移的过程中，要协调好双方各主体之间的关系。因此，正确处理好各主体之间的关系，有助于实现产业转出和承接两地的政府与产业之间协同推进产业转移的进程，促进转入企业及时得以入驻和投产，还有助于矛盾和冲突的解决。其指标主要有政府间协调指标、政企间协调指标及企业间协调指标。

1）政府间协调指标

政府间协调主要是指转出地政府与承接地政府之间的相互协调。双方政府要密切沟通，为承接产业转移构建良好的制度、市场及人文环境。[1]作为转出地政府，要通过为转入产业提供信息、服务和对接，为产业快速转移提供支撑条件。承接地政府应通过与转出地政府的咨询、磋商和谈判，了解转出产业的情况，从而对产业转入把关。政府之间的密切联系，降低了政府间的沟通成本和谈判成本，也降低了转入产业的搜寻成本，从而为顺利承接产业转移奠定了基础。

2）政企间协调指标

政企间协调指标主要是指承接地政府与转入企业之间的相互协调。政府作为产业发展的引导者，为其创造优良的发展环境，反之，产业健康发展又会对当地政府产生积极影响。[2]妥善处理好承接地政府与转入产业的关系，对二者而言都尤

① David C. 2001. The structures of intergovernmental relations. International Social Science Journal, 53(167): 121-127.

② Alexander L. 2006. Government-Business relations and catching up reforms in the CIS. The European Journal of Comparative Economics, 3(2): 263-288.

为重要，主要表现为转入产业能够按照承接地政府的要求，开展低碳生产、节能降耗和环境保护工作，从而获得更多的政府支持，而政府通过与转入产业的沟通可以了解其发展需求，更能"对症下药"地进行有针对性的支持。二者的相互协调、相互作用，促使政府与企业共同发展。

3）企业间协调指标

企业间协调主要指承接地企业与转入企业之间的协调关系。二者之间的协调、支持是相互的，转入产业对承接地的各种情况不够了解，如产业政策、行业规范、市场规则等，此时承接地企业应发挥自身优势，对其给予帮助，而转入产业则会带来先进的生产技术与管理理念，这将对承接地产业的发展产生积极影响。正确协调这二者之间的关系，对促进当地区域经济的发展意义重大。[①]

综上所述，通过初选、优选关键绩效评价指标，最终整理出一套低碳经济视域下西部地区承接产业转移的绩效评价指标体系，其指标体系构架如图7-2所示。

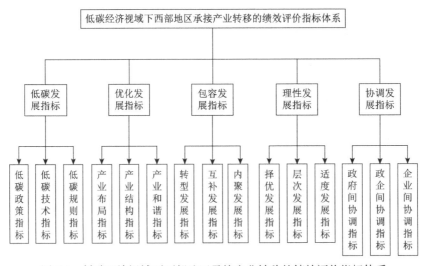

图7-2 低碳经济视域下西部地区承接产业转移的绩效评价指标体系

7.4 西部地区承接产业转移绩效评价指标体系的权重——以重庆为例

评价指标体系架构完成之后，为了能够对评价对象进行定量化评价，需要明

---

① Juliana M, Nikos D K, Mathew T, et al. 2010. Management controls and inter-firm relationships: a review. Journal of Accounting and Organizational Change, 6 (1): 149-169.

确三级指标对次级指标的贡献度，据此确定次级指标对评价对象的贡献度。权重就是不同指标在相应层级的贡献度和地位的直接呈现，权重越大则地位越重要，贡献度越大，各层次指标的权重之和为 1。权重的评价方法主要有主观赋权法、客观赋权法、主客观综合集成赋权法等。

7.4.1　绩效指标评价体系权重计算

层次分析法（analytic hierarchy process，AHP）是美国运筹学家萨蒂教授于20 世纪 70 年代初提出的，其特点是把复杂问题中的各种因素，通过划分为相互联系的有序层次而使其条理化[1]，包括建立层次结构模型、构造判断矩阵、计算最大特征根和一致性检验几个基本步骤。[2]本书运用层次分析法，计算西部地区承接产业转移指标的权重。

1. 指标权重确立步骤

在低碳经济视域下,重庆承接产业转移的绩效评价指标体系结构模型如图 7-3所示，其中三级指标层从 C1 到 C15，二级指标层从 B1 到 B5，分别为低碳发展指标、优化发展指标、包容发展指标、理性发展指标及协调发展指标，总目标层为 A。

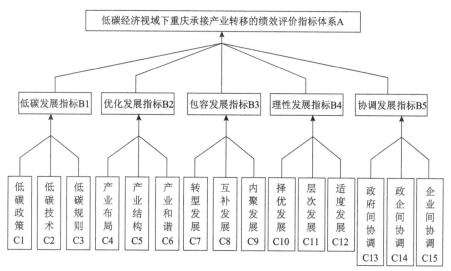

图 7-3　低碳经济视域下重庆承接产业转移的绩效评价指标体系结构模型

① 廖红强, 邱勇, 杨侠, 等. 2012. 对应用层次分析法确定权重系数的探讨. 机械工程师, (6): 22-25.
② 刘莹昕, 刘飒, 王威尧. 2010. 层次分析法的权重计算及其应用. 沈阳大学学报(自然科学版), (5): 372-375.

以表 7-1 的评分标准为依据，首先根据元素间的相对重要性比较得到一个两两比较判断矩阵 $W_{n \times n}$，并运用求和法进行运算，具体步骤如下。

表 7-1　Saaty 评分标准

量化值	相对重要性	说明
1	同等重要	行指标与列指标贡献程度相同
3	略微重要	行指标贡献程度略微大于列指标
5	较强重要	行指标贡献程度大于列指标
7	强烈重要	行指标贡献程度明显大于列指标
9	绝对重要	行指标贡献程度绝对大于列指标
2、4、6、8	两相邻程度的中间值	需要折中时采用

将判断矩阵按列，进行归一化处理

$$W_{n \times n} = \left(a_{ij}\right)_{n \times n} = A \tag{7-1}$$

$$b_{ij} = a_{ij} / \sum_{i=1}^{n} a_{ij} \tag{7-2}$$

将归一化的矩阵按行进行求和

$$c_i = \sum_{i=1}^{n} b_{ij} \tag{7-3}$$

将按行求和后的矩阵，进行归一化处理，得到特征向量

$$w_i = c_i / \sum_{i=1}^{n} c_i \tag{7-4}$$

求得特征向量对应的最大特征值

$$\lambda_{\max} = \frac{1}{n} \sum_{i=1}^{n} \left(\frac{(Aw)_i}{w_i} \right) \tag{7-5}$$

最后，进行一致性检验，计算检验系数 CR 和一致性指标 CI，公式为

$$\begin{cases} \mathrm{CI} = \left(\lambda_{\max} - n\right) / (n-1) & \tag{7-6} \\ \mathrm{CR} = \mathrm{CI/RI} & \tag{7-7} \end{cases}$$

其中，n 为矩阵的阶数。CR 用于度量不同阶判断矩阵，是否具有满意的一致性；

当 CR ≤ 0.1 时，可以认为具有满意的一致性，否则需要重新调整矩阵。当 n ≤ 2 时，无须进行一致性检验。对于 1～9 阶判断矩阵，引入判断矩阵的平均随机一致性指标 RI 值，如表 7-2 所示。[①]

表 7-2　判断矩阵的平均随机一致性指标 RI 值

指标	阶数 1	阶数 2	阶数 3	阶数 4	阶数 5	阶数 6	阶数 7	阶数 8	阶数 9
RI	0.00	0.00	0.58	0.90	1.12	1.24	1.32	1.41	1.45

2. 指标体系的评价方法

1）指标的正向化和无量纲化处理

在低碳经济视域下，重庆承接产业转移的绩效评价指标体系涉及多项指标的整体评价体系，包括两类指标：正向指标，即指标值越大越好；逆向指标，即指标值越小越好。同时，当指标单位不同而无法比较时，一方面要使指标趋同化，将逆向指标转化为正向指标，提高评价的可信度；另一方面对不同评价指标进行无量纲化处理，便对重庆承接产业转移的实际状况和水平做出评价。因为绩效评估指标体系选取的指标值多数是客观值，所以采用均值化方法进行无量纲化处理，以体现各指标差异度的数据特征。

正向指标，计算式为

$$Z_{ij} = X_{ij} \Big/ \overline{X_j} \tag{7-8}$$

逆向指标，计算式为

$$Z_{ij} = \left(-X_{ij} \right) \Big/ \overline{X_j} \tag{7-9}$$

其中，$\overline{X_j}$ 为比较区域 i 指标的均值。

2）综合评价模型

在低碳经济视域下，构建西部地区承接产业转移的绩效评价指标体系，旨在度量承接产业转移在低碳经济视域下的水平和程度，比较产业转移过程中各指标对总目标的贡献程度及作用大小。根据评价目的，运用多目标线性加权求和法进行指标集成，以总体指标值判断西部承接产业转移的绩效评估状况[式（7-10）～式（7-15）]。

低碳发展为

$$I_{低碳} = \sum_{1}^{3} w_i Z_i \tag{7-10}$$

[①] 黄欣, 占绍文. 2012. 文化产业绩效评估指标体系的构建. 统计与决策, (19): 41-43.

优化发展为

$$I_{优化} = \sum_{4}^{6} w_i Z_i \qquad (7\text{-}11)$$

包容发展为

$$I_{包容} = \sum_{7}^{9} w_i Z_i \qquad (7\text{-}12)$$

理性发展为

$$I_{理性} = \sum_{10}^{12} w_i Z_i \qquad (7\text{-}13)$$

协调发展为

$$I_{协调} = \sum_{13}^{15} w_i Z_i \qquad (7\text{-}14)$$

总体发展水平为

$$I_{总体} = I_{低碳} + I_{优化} + I_{包容} + I_{理性} + I_{协调} \qquad (7\text{-}15)$$

其中，w_i 为第 i 个指标的权重，Z_i 为第 i 个指标的得分。

3）评价指标权重的计算

运用层次分析法，同时结合专家意见及笔者实地调查的结果，通过两两比较指标间的重要程度，从而确定了二级指标及三级指标中各指标的权重。为了确保指标间重要程度的准确性，为此，笔者特邀请了重庆低碳研究中心、重庆市发展和改革委员会的专家及本专业领域教授、博士等 15 人，以其丰富的理论知识和多年从事实际工作的实践，给出了合理的打分。此外，笔者还数次前往政府相关职能部门、环保部门、两江新区管委会，以及水土高新技术产业园、蔡家高新工业园区的当地企业及转入企业进行了调研，获得了最新的一手资料，经过整理、分析后，使各指标的权重最终得以确立。以下是二级指标及三级指标的权重确立情况。

（1）二级指标（B1～B5）。对二级指标间的重要程度均采取定性的比较方式，并结合 Saaty 评分标准对各指标进行两两比较。各二级指标的得分均由邀请的企业家、专家学者进行打分（专家意见表如表 7-3 所示），其次在对打分情况进行综合分析与统一整理的基础上得出的。因此，分值的确定具有一定的典型性与代表性。在对二级指标打分完毕之后，需要对二级指标中涉及的五个元素之间的相对重要性进行分析与比较，可以得到一个两两比较判断矩阵 W，具体见式（7-16）。

最后，经过分析计算得出如表 7-4 所示的各二级指标间的一致性情况及权重大小。

表 7-3　二级指标 B1～B5 五个维度之间重要程度比较的专家个人意见表

二级指标	低碳发展 B1	优化发展 B2	包容发展 B3	理性发展 B4	协调发展 B5
低碳发展 B1	1	3	5	5	3
优化发展 B2	1/3	1	5	1	1/3
包容发展 B3	1/5	1/5	1	1/5	1/7
理性发展 B4	1/5	1	5	1	1/3
协调发展 B5	1/3	3	7	3	1

因此，得到一个两两比较判断矩阵，即

$$W = \begin{bmatrix} 1 & 3 & 5 & 5 & 3 \\ 1/3 & 1 & 5 & 1 & 1/3 \\ 1/5 & 1/5 & 1 & 1/5 & 1/7 \\ 1/5 & 1 & 5 & 1 & 1/3 \\ 1/3 & 3 & 7 & 3 & 1 \end{bmatrix} \tag{7-16}$$

对于 W 矩阵，通过计算得出归一化的特征向量为（0.4362、0.1316、0.0428、0.1207、0.2667），即低碳发展、优化发展、包容发展、理性发展及协调发展对总目标的权重分别为 0.4362、0.1336、0.0428、0.1207、0.2667，且判断矩阵 A 的一致性比例 CR 为 0.0818，由于 CR<0.10，故判断矩阵 W 具有满意的一致性。

表 7-4　二级指标 B1～B5 的权重大小

二级指标	低碳发展 B1	优化发展 B2	包容发展 B3	理性发展 B4	协调发展 B5	权重（W_i）
低碳发展 B1	1	3	5	5	3	0.4362
优化发展 B2	1/3	1	5	1	1/3	0.1336
包容发展 B3	1/5	1/5	1	1/5	1/7	0.0428
理性发展 B4	1/5	1	5	1	1/3	0.1207
协调发展 B5	1/3	3	7	3	1	0.2667

（2）三级指标（C1～C15）。通过对每个层次相对应的指标做两两比较进行打分，得到三级指标判断矩阵的权重、特征值等数据。

第一，针对三级指标 C1～C3，由专家进行评分，绘制专家评分意见表，如表 7-5 所示。

表 7-5 三级指标 C1~C3 三个维度之间重要程度比较的专家个人意见表

低碳发展	低碳政策 C1	低碳技术 C2	低碳规则 C3
低碳政策 C1	1	1/3	3
低碳技术 C2	3	1	5
低碳规则 C3	1/3	1/5	1

因此，得到一个两两比较判断矩阵，即

$$W_{C1\sim C3}=\begin{bmatrix} 1 & 1/3 & 3 \\ 3 & 1 & 5 \\ 1/3 & 1/5 & 1 \end{bmatrix} \tag{7-17}$$

经计算得出归一化的特征向量为 0.2605、0.6333、0.1062，也就是低碳政策、低碳技术和低碳规则对低碳发展的权重分别为 0.2605、0.6333、0.1062（表 7-6），对总目标的权重为 0.4362，且判断矩阵 $W_{C1\sim C3}$ 的一致性比例 CR 为 0.0336，因为 CR<0.10，故判断矩阵 $W_{C1\sim C3}$ 具有满意的一致性。

表 7-6 三级指标 C1~C3 的权重大小

低碳发展	低碳政策 C1	低碳技术 C2	低碳规则 C3	权重
低碳政策 C1	1	1/3	3	0.2605
低碳技术 C2	3	1	5	0.6333
低碳规则 C3	1/3	1/5	1	0.1062

第二，针对三级指标 C4~C6，绘制专家评分意见表，进行专家评分，如表 7-7 所示。

表 7-7 三级指标 C4~C6 三个维度之间重要程度比较的专家个人意见表

优化发展	产业布局 C4	产业结构 C5	产业和谐 C6
产业布局 C4	1	3	1/2
产业结构 C5	1/3	1	1/5
产业和谐 C6	2	5	1

因此，得到一个两两比较判断矩阵，即

$$W_{C4\sim C6}=\begin{bmatrix} 1 & 3 & 1/2 \\ 1/3 & 1 & 1/5 \\ 2 & 5 & 1 \end{bmatrix} \qquad (7\text{-}18)$$

经计算得出归一化的特征向量为 0.3091、0.1096、0.5813，也就是产业布局、产业结构及产业和谐对优化发展的权重分别为 0.3091、0.1096、0.5813（表 7-8），对总目标的权重为 0.1316，且判断矩阵 $W_{C4\sim C6}$ 的一致性比例 CR 为 0.0031，因为 CR<0.10，故判断矩阵 $W_{C4\sim C6}$ 具有满意的一致性。

表 7-8　三级指标 C4～C6 的权重大小

优化发展	产业布局 C4	产业结构 C5	产业和谐 C6	权重
产业布局 C4	1	3	1/2	0.3091
产业结构 C5	1/3	1	1/5	0.1096
产业和谐 C6	2	5	1	0.5813

第三，针对三级指标 C7～C9，绘制专家评分意见表，进行专家评分，如表 7-9 所示。

表 7-9　三级指标 C7～C9 三个维度之间重要程度比较的专家个人意见表

包容发展	转型发展 C7	互补发展 C8	内聚发展 C9
转型发展 C7	1	1/3	3
互补发展 C8	3	1	5
内聚发展 C9	1/3	1/5	1

因此，得到一个两两比较判断矩阵，即

$$W_{C7\sim C9}=\begin{bmatrix} 1 & 1/3 & 3 \\ 3 & 1 & 5 \\ 1/3 & 1/5 & 1 \end{bmatrix} \qquad (7\text{-}19)$$

经计算得出归一化的特征向量为 0.2605、0.6333、0.1062，也就是转型发展、互补发展及内聚发展对包容发展的权重分别为 0.2605、0.6333、0.1062（表 7-10），对总目标的权重为 0.0428，且判断矩阵 $W_{C7\sim C9}$ 的一致性比例 CR 为 0.0336，因为 CR<0.10，故判断矩阵 $W_{C7\sim C9}$ 具有满意的一致性。

表 7-10   三级指标 C7～C9 的权重大小

包容发展	转型发展 C7	互补发展 C8	内聚发展 C9	权重
转型发展 C7	1	1/3	3	0.2605
互补发展 C8	3	1	5	0.6333
内聚发展 C9	1/3	1/5	1	0.1062

第四，针对三级指标 C10～C12，绘制专家评分意见表，进行专家评分，如表 7-11 所示。

表 7-11   三级指标 C10～C12 三个维度之间重要程度比较的专家个人意见表

理性发展	择优发展 C10	层次发展 C11	适度发展 C12
择优发展 C10	1	3	1/2
层次发展 C11	1/3	1	1/3
适度发展 C12	2	3	1

因此，得到一个两两比较判断矩阵，即

$$W_{C10\sim C12} = \begin{bmatrix} 1 & 3 & 1/2 \\ 1/3 & 1 & 1/3 \\ 2 & 3 & 1 \end{bmatrix} \tag{7-20}$$

经计算得出归一化的特征向量为 0.3449、0.1452、0.5099，也就是择优发展、层次发展及适度发展对理性发展的权重分别为 0.3449、0.1452、0.5099（表 7-12），对总目标的权重为 0.1207，且判断矩阵 $W_{C10\sim C12}$ 的一致性比例 CR 为 0.0493，因为 CR<0.10，故判断矩阵 $W_{C10\sim C12}$ 具有满意的一致性。

表 7-12   三级指标 C10～C12 的权重大小

理性发展	择优发展 C10	层次发展 C11	适度发展 C12	权重
择优发展 C10	1	3	1/2	0.3449
层次发展 C11	1/3	1	1/3	0.1452
适度发展 C12	2	3	1	0.5099

第五，针对三级指标 C13～C15，绘制专家评分意见表，进行专家评分，如表 7-13 所示。

表 7-13　三级指标 C13～C15 三个维度之间重要程度比较的专家个人意见表

协调发展	政府间协调 C13	政企间协调 C14	企业间协调 C15
政府间协调 C13	1	3	3
政企间协调 C14	1/3	1	1
企业间协调 C15	1/3	1	1

因此，得到一个两两比较判断矩阵，即

$$W_{C13\sim C15} = \begin{bmatrix} 1 & 3 & 3 \\ 1/3 & 1 & 1 \\ 1/3 & 1 & 1 \end{bmatrix} \qquad (7\text{-}21)$$

经计算得出归一化的特征向量为 0.6000、0.2000、0.2000，也就是说，政府间协调、政企间协调及企业间协调对协调发展的权重分别为 0.6000、0.2000、0.2000（表 7-14），对总目标的权重为 0.2667，且判断矩阵 $W_{C13\sim C15}$ 的一致性比例 CR 为 0.0000，因为 CR<0.10，故判断矩阵 $W_{C13\sim C15}$ 具有满意的一致性。

表 7-14　三级指标 C13～C15 的权重大小

协调发展	政府间协调 C13	政企间协调 C14	企业间协调 C15	权重
政府间协调 C13	1	3	3	0.6000
政企间协调 C14	1/3	1	1	0.2000
企业间协调 C15	1/3	1	1	0.2000

此外，通过二级指标与三级指标的乘积可得出各三级指标的权重大小，如表 7-15 所示。

表 7-15　三级指标的权重大小分布图

一级指标 A	二级指标 B	权重	三级指标 C	权重
低碳经济视域下重庆承接产业转移的绩效评价指标体系 A	低碳发展 B1	0.4362	低碳政策 C1	0.1136
			低碳技术 C2	0.2763
			低碳规则 C3	0.0463
	优化发展 B2	0.1336	产业布局 C4	0.0413
			产业结构 C5	0.0146
			产业和谐 C6	0.0777

续表

一级指标 A	二级指标 B	权重	三级指标 C	权重
			转型发展 C7	0.0112
	包容发展 B3	0.0428	互补发展 C8	0.0271
			内聚发展 C9	0.0045
低碳经济视域下重庆承接产业转移的绩效评价指标体系 A			择优发展 C10	0.0416
	理性发展 B4	0.1207	层次发展 C11	0.0175
			适度发展 C12	0.0616
			政府间协调 C13	0.1601
	协调发展 B5	0.2667	政企间协调 C14	0.0533
			企业间协调 C15	0.0533

7.4.2 评价指标体系权重结果分析

通过专评分法得出各级指标权重的大小，对重庆实现有序、规范的承接产业转移具有重要的意义。表 7-16 为低碳经济视域下重庆承接产业转移的绩效评价体系指标权重及排序。

表 7-16　低碳经济视域下重庆承接产业转移的绩效评价体系指标权重及排序

一级指标 A	二级指标 B	权重	排序	三级指标 C	权重	排序
				低碳政策 C1	0.1136	3
	低碳发展 B1	0.4362	1	低碳技术 C2	0.2763	1
				低碳规则 C3	0.0463	7
				产业布局 C4	0.0413	9
	优化发展 B2	0.1336	3	产业结构 C5	0.0146	12
				产业和谐 C6	0.0777	4
低碳经济视域下重庆承接产业转移的绩效评价指标体系 A				转型发展 C7	0.0112	13
	包容发展 B3	0.0428	5	互补发展 C8	0.0271	10
				内聚发展 C9	0.0045	14
				择优发展 C10	0.0416	8
	理性发展 B4	0.1207	4	层次发展 C11	0.0175	11
				适度发展 C12	0.0616	5
				政府间协调 C13	0.1601	2
	协调发展 B5	0.2667	2	政企间协调 C14	0.0533	6
				企业间协调 C15	0.0533	6

由上表可见，在五个二级指标中，按照权重大小排序依次是低碳发展、协调发展、优化发展、理性发展和包容发展。所以，重庆在低碳视域下承接产业时，低碳发展的权重达到 0.4362，居于首位，所以应首先考虑低碳发展，而在低碳发展中，低碳技术的权重为 0.6333，由此可知，引入和发展低碳技术对重庆在低碳视域下承接产业转移较为重要。协调发展的权重为 0.2667，居于第二位，其中政府间协调的权重为 0.6000，在协调发展的三项指标间处于绝对优势，因此产业转出与承接两地政府之间的密切沟通与合作是非常重要的环节，必须要提前加以培育，发展双方良好的关系，加强政府与转入产业的对接交流。优化发展的权重为 0.1336，居于中等水平，其中产业和谐的权重为 0.5813，因此要正确处理好产业之间及产业内部之间的关系，为承接产业转移创造良好的氛围。理性发展的权重为 0.1207，处于较低的水平，这说明重庆在产业转移过程中不能因为过于理性而失去承接机遇，其中适度发展的权重为 0.5099，要把握好承接的速度与进度，既不能过于急切，也不能走向反面而无所作为。包容发展的权重为 0.0428，处于最低水平，其中互补发展的权重为 0.6333，这说明注重产业之间的互补发展，加强本地产业与引入产业的优势互补、资源互补以及技术互补等。

如表 7-16 所示，在三级指标中，根据各指标在总体评价体系中的排序，可发现低碳技术的权重为 0.2763，居于首位，排在第二位的政府间协调权重为 0.1601，排在第三位的低碳政策权重为 0.1136，说明在承接产业转移中发展低碳技术、加强政府间协调和注重低碳政策扶持，是最为迫切和重要的任务。排序最后的是内聚发展，说明其在承接实践中并不太重要，这可能是因为承接产业转移更应强调企业间合作、政府和企业间合作的关系，即发展产业间合作关系显得愈加重要。

7.5　重庆水土高新技术产业园区绩效评价案例分析

为了能够真实反映低碳经济视域下，重庆承接产业转移绩效评价的准确性，特参观并调研了低碳发展程度较高的重庆两江新区水土高新技术产业园区，通过与产业园区的管理者、已入驻企业访谈和调研等形式，深入了解水土高新技术产业园区承接产业的具体情况并加以记录。此外，就构建的十五个三级指标以发放问卷的形式进行打分，通过打分的高低，评价各指标的实施状况。运用计算平均值法，整理得出了各指标的分值。打分的基本情况如表 7-17 所示。

从表 7-17 可知，水土高新技术产业园区在低碳经济视域下承接产业转移的情况，合计总得分为 6.9165 分，基本处于中等偏上水平。水土高新技术产业园区作为两江新区的重要组成部分，是重庆两江新区低碳经济发展的先行先试区，其低碳发展的程度将直接影响到整个两江新区及重庆的低碳发展水平。由于水土高新

表 7-17 水土高新技术产业园区承接产业转移的各指标间的重要程度打分表

一级指标 A	二级指标 B	三级指标 C	权重	评价分	计算结果	备注
低碳经济视域下重庆承接产业转移的绩效评价指标体系 A	低碳发展 B1	低碳政策 C1	0.1136	8	0.9088	各指标的分值最高为10分，最低的为0分，其中，计算结果是三级指标权重与评价分的乘积
		低碳技术 C2	0.2763	7	1.9341	
		低碳规则 C3	0.0463	6	0.2778	
	优化发展 B2	产业布局 C4	0.0413	7	0.2891	
		产业结构 C5	0.0146	7	0.1022	
		产业和谐 C6	0.0777	6	0.4662	
	包容发展 B3	转型发展 C7	0.0112	6	0.0672	
		互补发展 C8	0.0271	6	0.1626	
		内聚发展 C9	0.0045	5	0.0225	
	理性发展 B4	择优发展 C10	0.0416	7	0.2912	
		层次发展 C11	0.0175	6	0.1050	
		适度发展 C12	0.0616	6	0.3696	
	协调发展 B5	政府间协调 C13	0.1601	7	1.1207	
		政企间协调 C14	0.0533	8	0.4264	
		企业间协调 C15	0.0533	7	0.3731	
合计/分					6.9165	

技术产业园区目前入驻的企业相对较少，随着大量的内外产业引进与入驻，将对园区的低碳发展产生深刻影响。因此，在产业转移过程中，该园区应主要引进新能源、战略新兴产业与节能环保产业的企业或项目，同时要更加注重生态保护和修复。

7.6 西部地区承接产业转移绩效评价的启示

第一，从政府层面来看，首先，应积极运用政策手段，为低碳、绿色经济发展保驾护航。[1]要强化对本地产业的低碳化管理，重视对低碳经济的示范引导，建立长效的宣传机制，倡导有助于实现低碳经济发展的生产生活方式。其次，根据低碳经济的发展要求，调整企业市场准入的产业政策，加大低碳技术产业的承接力度，以推动产业低碳化创新。再次，制定与完善低碳经济视域下承接产业转移

---

[1] 夏宁，夏锋. 2009. 低碳经济与绿色发展战略——对在海南率先建立全国第一个环保特区的思考. 中国软科学, (10): 13-22.

的法律法规体系，为产业的科学与有序承接营造良好的社会法律环境。最后，为了更好更快地承接产业转移，承接地政府与转出地政府应保持密切联系，加强沟通，就产业转移过程中的一系列事务，包括风险分担、利益分享、过程治理等达成共识。

第二，从产业来看，首先，要实施合理的产业布局，提升产业的配套实施与能力建设，不断优化产业结构，正确处理产业间的内外部关系，打造承接产业转移载体。其次，各产业之间要实现优势互补，取长补短，最终实现共同发展。最后，在产业发展的过程中，要做到有选择、适度的承接产业转入，尽量避免出现盲目性与非理性的现象。

第三，从企业来看，要增强自主创新能力。大力发展与运用低碳技术，发明低碳专利，生产低碳产品，努力营造和谐的企业低碳文化环境，使低碳发展观念深入人心。[①]无论是承接地产业还是转入产业，都应正确处理好与当地政府、产业及内部员工之间的关系，为产业自身的发展奠定基础。此外，支持本地龙头企业的重组与兼并，不断提升企业的软实力和硬实力[②]，迎接产业竞争的挑战，发展成为真正意义上的低碳企业。

---

① Yang X L. 2009. Discussion on the cultivation system construction of sustainable innovation ability for small and medium enterprises. Journal of Sustainable Development, 1(1): 54-57.

② Izabela R. 2004. Enterprise restructuring in transition. Journal of East-West Business, 10(2): 45-64.

第 8 章

低碳经济视域下西部地区承接产业转移政策体系

现代政府治理中，公共政策已成为政府实现有效治理必不可少的工具。西部地区在承接产业转移的过程中，中央及地方政府都制定了一系列的相关政策，涉及土地、税收、金融及技术创新等方面。本章首先从基础性政策、发展性政策、自愿性政策等三个维度对这些政策进行梳理归纳，构建低碳经济视域下西部地区承接产业转移的政策体系。其次，运用 IPAT 模型构建低碳经济视域下西部地区承接产业转移的政策体系模型，并构建了基于政策影响力的产业转移政策制定"引力"模型。最后，运用利益相关者模型对所构建的政策体系进行评估。

8.1 西部地区承接产业转移的政策工具类型

西部地区在承接产业转移过程中，公共政策对于引导产业转入、扶持产业发展、规范承接行为发挥着不可替代的作用。公共政策的实施离不开政策工具的运用，政策工具研究的基点就是如何将政策意图转变为管理行为，将政策理想转变为政策现实。[1]国内外学者对政策工具的研究侧重点不同，由于分类标准不同，对于政策工具的理解也不尽相同。

政策工具是实现公共目标的支配机制或技术[2]，是政策目标转化为具体行动的路径和机制[3]，是人们为了解决社会问题或实现一定的政策目标而采取的具体手段和方式。[4]因此，政策工具是实现政策目标的手段，只有通过合适的政策工具，

---

① 陈振明, 薛澜. 2007. 中国公共管理理论研究的重点领域和主题. 中国社会科学, (3): 140-152, 206.

② Howlett M. 1991. Policy instruments, policy styles, and policy implementation: national approaches to theories of instrument choice. Policy Studies Journal, 19(2): l-21.

③ 陈庆云. 2006. 公共政策分析. 北京: 北京大学出版社.

④ 陈振明. 1998. 政策科学——公共政策分析导论. 2 版. 北京: 中国人民大学出版社: 170.

政策方案才能够得到有效执行，从而达到政策设计的理想状态。

学术界对政策工具分类的研究起步比较早，国内外研究成果也比较多，但各个学者的分类却不尽相同。国外学者林德布洛姆、萨拉蒙等，以及国内学者陈振明等对政策工具的分类有过相关的论述。具体分类如表 8-1 所示。

表 8-1 政策工具分类

代表人物	具体政策工具
林德布洛姆	规制性工具
	非规制性工具
萨拉蒙	开支性工具
	非开支性工具
狄龙	法律工具
	经济工具
	交流工具
麦克唐纳和艾莫尔	命令性工具
	激励性工具
	能力建设工具
	系统变化工具
英格拉姆	激励工具
	能力建设工具
	符号和规劝工具
	学习工具
豪利特和拉什米	强制性工具
	混合性工具
	自愿性工具
陈振明	市场化工具
	工商管理技术
	社会化手段

资料来源：牛锐. 2010. 我国生态治理中的自愿性环境政策工具的运用研究——以浙江省为例. 浙江财经学院硕士学位论文

豪利特和拉什米的分类比较具有代表性，他们对于政策工具的分类是以国家对社会生活的干预程度为指标的，并且绘制出了一幅政策工具图谱，将政策工具根据国家对社会干预程度由高到低，分为强制性、混合性与自愿性政策工具三类。借鉴上述学者的观点，结合我国西部地区在承接产业转移中实施的相关政策，根据转移产业进入承接地的过程（即产业转入承接地的前期、中期、后期），可将产业承接政策分为基础性政策、发展性政策和自愿性政策。基础性政策是指产业承接地政府为吸引外地产业转入，对涉及产业发展的基础设施，如交通、土地、工业园区等硬件环境方面不断进行完善的各种政策；发展性政策是指政府为促进企业更好地融入本地发展，与本地产业完成良性对接而给予的财税、金融、节能减排等方面的优惠政策；自愿性政策则是基于企业自愿参与，在产业转移后，为实现低碳经济发展政府对企业所采取的引导性政策。

产业承接政策是地方政府在承接产业转移过程中，以国家宏观政策和地方发展战略为指导，为了更好地运用区域内具有比较优势的资源和基础条件，有选择地承接产业转移，并确保转入产业能够持续、健康发展所制定和遵循的具有权威性的行动规范。[①]由此可见，产业承接政策是围绕承接产业转入、发展的过程所构建的综合性政策体系，由具体的土地、财税、金融、商贸、投资等政策构成。在低碳经济视域下，西部地区政府制定的产业承接政策则更需要倡导低碳经济理念，降低低碳产业与环保产业的转入门槛，积极引进低碳产业并对其予以政策优惠和扶持。

8.2 西部地区承接产业转移的政策内容

8.2.1 基础性政策

基础性政策主要涉及土地、交通、通信、工业园区等基础性设施发展与完善的政策，为承接产业转移创造良好的硬件环境。为此，西部地区政府需要在土地、交通、通信、物流、工业园区等涉及转入产业发展的基础设施领域，有选择地给予优惠政策。例如，在土地政策方面，对绿色、低碳、生态类产业转入实行优先用地审批；对土地利用做出总体规划和安排，满足重点用地的需求；鼓励民间资本开发园区和工业地块及相关的基础设施，对投资承接产业园区建设的企业或单位给予费用减免或补贴。因此，基础性政策为转入产业发展提供了良好的硬件支撑。

8.2.2 发展性政策

发展性政策是指政府为促进转入产业发展，而提供的各项优惠政策及服务活

---

① 王广旭. 2012. 区域产业转移中地方政府的承接政策研究. 广东海洋大学硕士学位论文.

动。具体表现为为转入产业提供税收优惠、贴息贷款、金融扶持、转移支付等，增强其在本地区的发展动力；精简行政审批流程，为转入产业开通绿色通道、提供"一站式"服务和上门服务等，减轻产业发展负担，提高事务办理的便利性；对符合承接地转入产业要求、履行节能减排承诺的转入产业给予奖励，带动其他转入产业的积极性；对重大项目、龙头企业转入给予奖励，并围绕其进行产业要素集聚，建立新型产业集群或产业链。

例如，重庆两江新区于 2017 年 8 月发布的招商引资政策，涉及高额奖励先进制造、科技创新、总部经济、金融业这四类企业入驻，包括项目落户奖、研发创新奖、经济贡献奖、高端人才奖、资金配套扶持、办公用房支持等内容，最高将给予千万元级奖励。这些奖励和支持政策，对于吸引高端企业落户具有强大的助推力。

8.2.3 自愿性政策

自愿性政策又称为自愿性工具、自愿协议等。自愿性工具和以排污权交易为主的经济工具被称为"环保政策的第三波"，其本质上是一种没有强制性约束的协议。[①]经济合作与发展组织（Organization for Economic Co-operation and Development，OECD）给出了普遍认可的定义，指出自愿性工具是企业为了实施环保行动而遵守的协议与规则。[②]因此，自愿性政策是在政府没有给出强制性要求的情况下，转入企业自愿参与当地低碳经济发展模式的一种引导性政策。当前，在推进国家治理能力现代化的背景下，更多强调柔性治理、社会参与和自愿协商，而自愿性政策出于自愿，政府的干预程度低，自主性大、成本低，因此能够有效调动政策对象的积极性和主动性。自愿性工具可更好激发企业自觉进行污染治理动力，有效降低了政府的监管成本，对于企业环保意识的提升具有重要意义[③]，并具有多元性、过程性、包容性与灵活性等显著优点。[④]

因此，低碳经济视域下西部地区在承接产业转移的过程中，应更多运用自愿性工具，包括清洁生产、循环经济、ISO14000 认证、自愿性环境协议等方面的内容，鼓励转入产业自愿实行节能减排及技术创新，自觉参与到西部低碳经济发展中。此外，要大力发展环境非营利组织建设，在自愿的基础上，吸纳企业加入环境非营利组织，使其在享受环境服务的同时，自觉遵守西部地区生态、环境、生

---

① 王惠娜. 2010. 自愿性环境政策工具在中国情境下能否有效？中国人口·资源与环境, (9): 89-94.

② Jordan A, Wurzel R K W, Zito A R. 2003. "New" instruments of environmental governance? National Experiences and Prospects. London: Frank Cass Publishers.

③ 王红梅. 2016. 中国环境规制政策工具的比较与选择——基于贝叶斯模型平均(BMA)方法的实证研究. 中国人口·资源与环境, (9): 132-138.

④ 王勇. 2017. 自愿性环境协议：一种新型的环境治理方式——基于协商行政的初步展开. 甘肃政法学院学报, (3): 62-70.

产、减排等相关规定，促进转入产业实现低碳发展。

8.3 西部地区承接产业转移政策的 IPAT 模型

一项政策的有效实施，除了政策自身具有的科学性、针对性和可操作性因素外，还需要系列配套政策和制度的有效配合，因此西部地区承接产业转移的政策实际上是一个系统的政策体系，而该模型的运用能使政策体系更具严密的逻辑性。在低碳经济视域下，西部地区承接产业转移的政策体系模型构建，则更多地考虑如何使这些政策既满足西部地区承接活动的政策需求，又有利于推进低碳经济的发展。IPAT模型是当前研究环境压力控制的主流模型，以此为基础构建的政策模型，更有利于推进低碳经济的发展。

8.3.1 IPAT 模型概述

IPAT 模型的提出，源于人们对于环境质量恶化原因的探究。学者之间经过深入的探讨，于 1971 年提出了 IPAT 模型[1]，该模型描述了经济因素、社会因素对环境所产生的影响。在 IPAT 模型中，I（human impact）是环境响应或环境压力（具体用单位 GDP 能耗或废弃物排放表示），P（population）代表人口，A（affluence）代表富裕程度（具体用人均 GDP 表示），T（technology）代表技术（具体用单位GDP 带来的环境冲击或压力表示，如单位 GDP 能耗），该模型是一个受到普遍认可的研究人为驱动力对环境影响的工具[2]，它能够简便、可行地描述人文因素对环境压力的影响，因而得到了广泛认可，并在实际运用中得到发展。[3]西部地区在承接产业转移过程中，涉及的人口、人均 GDP 及单位 GDP 能耗都会对西部地区的生态环境造成冲击，因此运用 IPAT 模型来研究其面临的生态压力，从而使制定的相关政策具有适用性。

8.3.2 西部地区承接产业转移政策 IPAT 模型构建

IPAT 模型是计算经济、人口、资源和环境之间数量关系的工具，与低碳经济发展有密切的内在联系。如图 8-1 所示，环境负荷也就是资源消耗、污染物排放等对环境造成的压力，与经济发展速度、人口数量及资源消耗度等密切相关，以上因素也就是 IPAT 模型的构成因素，它们彼此之间相互作用，共同对环境产生影

---

① Ehrlich P, Holden J. 1971. Impact of population growth. Science, 171(3977): 1212-1217.
② 戴钰, 刘亦文. 2009. 基于 IPAT 模型的长株潭城市群经济增长与能源消耗的实证研究. 经济数学, (2): 65-71.
③ 王永刚, 王旭, 孙长虹, 等. 2015. IPAT 及其扩展模型的应用研究进展. 应用生态学报, (3): 949-957.

响。因此，要实现西部地区承接产业转移与当地经济、人口、资源的协调发展，进而实现低碳经济的发展，必须要从与之相关的经济、人口、资源等方面制定协调发展的政策。

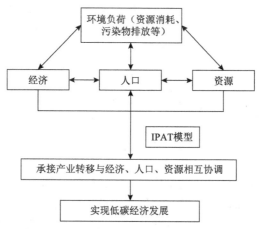

图 8-1 IPAT 与低碳经济的内在关系模型

通过图 8-1 和 IPAT 模型可知，如果西部地区一味追求 GDP 发展速度，忽视经济发展的质量与内涵，甚至不惜以牺牲环境为代价获取高碳式经济的发展，导致资源的消耗强度不断攀升，将会对生态环境造成巨大的冲击。同时，人口与经济发展、资源消耗之间也是相互影响、相互作用的，三个方面的平衡和牵制，构成了一个复杂适应系统（complex adaptive systems，CAS），它们相互之间通过非线性作用进行互动，任何一方面的变动都会直接引起其他两个方面的反馈。

由于复杂适应系统中存在非线性作用与正负反馈环（feedback loops），系统内的一个微观的随机扰动都会通过三个方面的非线性作用而被放大，从而引起系统的状态起伏或偏离，即经常有涨落的发生，一旦涨落的大小超过临界点，最后都会引起整个系统的涨落，当这种涨落达到一定的程度时，即达到临界点，就会出现"巨涨落"而发生跃迁，进而导致新结构的产生。[①]如图 8-2 所示，西部地区在承接产业转移过程中，如果不能制定科学、合理的承接政策，整体上可能沿着"经济增长→人口增加→能耗剧增→高碳承接系统"的方向演变。通过 IPAT 模型中经济、人口与单位 GDP 能耗之间构成的复杂系统来分析，其机理是承接系统外部的变动或随机干扰，会引起三个方面之间的关联运动。例如，经济总量增长受到其他变量的干扰后不但会引起人口的小涨落，也会通过局部涌现逐渐引起单位 GDP 能耗的剧增，进而达到临界点，届时整个系统就会发生突变和跃迁，而新的"高

① 王作军. 2015. 组织间关系: 结构、价值与治理研究. 北京: 中国农业出版社.

碳系统结构"产生，也会对承接地造成巨大的环境冲击。在该系统中，三个方面之间的互动会产生积极、消极两种反馈环。积极反馈环既能产生负熵，抵消系统运转中产生的正熵，维持相互平衡；又会促进三个方面发生涨落，产生新的低碳承接系统，从而缓解环境压力。与之相反，消极反馈环会导致系统熵大量增加，破坏三个方面之间的协调关系与协同运转，使系统失去稳定性，进而导致高碳承接系统的形成，此时环境压力明显增大。

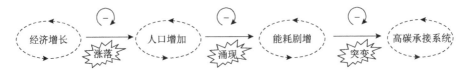

图 8-2 基于 IPAT 模型的西部地区承接产业转移结构演变

因此，西部地区在承接产业转移过程中，应注意调适三个方面的关系，在整个系统中加强积极反馈环的建设，其体现为低碳文化、低碳政策、低碳市场等积极作用，使得在局部涨落的情况下能够及时得以调整和优化。同时，应注意引进负熵，包括先进的理念、低碳技术、低碳产业等，抵消系统熵增加所产生的不利影响，使三个方面的关系更加有序和协调，从而形成低碳承接系统。

IPAT模型及由它派生出来的公式模型，在承接产业转移的过程，对于促进产业低碳化、发展低碳经济具有重要的参考价值。在IPAT模型中，因为人口数×GDP/人均=GDP，即$P×A=G$，所以该公式可改写为$I=G×T$（G表示GDP），以方便分析经济与环境之间的关系。环境负荷受经济、人口、资源等因素的直接影响，但因为一定时期内、一定地区的人口数量保持相对稳定，所以环境负荷更多地受经济总量（G）和单位GDP环境指标（T）的影响。因此可理解为，降低经济发展的速度（不再过度强调GDP）及资源消耗强度（T）就能有效减轻环境压力，实现低碳经济的发展。所以，西部地区在承接转移的过程中，对于转移产业必须要依据其对环境的影响，针对不同的产业设立不同的转入门槛和分类标准，对于新能源、新材料、智能装备、生物医药等高新技术产业和战略新兴产业给予土地、金融、财税、补贴等优惠政策，而对于那些污染大、排放量大、技术水平低的高碳产业则要予以严格限制。同时，要大力发展低碳技术，不断进行低碳技术创新，降低单位GDP资源能源消耗与废弃物排放，促进产业低碳发展。

8.3.3 西部地区承接产业转移政策 IPAT 模型实证

近年来，西部地区经济得到了快速发展，但发展的评价指标仍不尽合理，部分地方政府将 GDP 总量作为衡量政绩的重要指标，导致以牺牲环境为代价来追求经济发展总量与速度，对资源和环境造成了巨大破坏。当前，在"五位一体"总体布局与五大发展理念的指导下，在西部地区生态脆弱性的背景下，西部地区政府不能再继续走单独追求 GDP 增速的老路，而应该走可持续发展、低碳发展、绿色发展的新路。因此，西部地区在制定相关政策时，应更多地考虑低碳经济的因素，促进转入产业的低碳化发展。IPAT 模型在环境管理过程中得到了广泛运用，本书运用 IPAT 模型[①]，对重庆市 2008～2012 年的经济增长、能源消耗做实证分析，以期能为西部地区承接产业转移提供政策参考与借鉴。IPAT 模型可改写为 $I=G\times T$，其中 I 表示能源消耗量，G 表示年 GDP，即

$$I=G\times T \tag{8-1}$$

若基准年的环境压力为 $I_0=G_0\times T_0$，0 和 n 分别为变量在基准年和第 n 年的值，g 为年均 GDP 增长率，t 为年均技术增长率。

$$G_n=G_0\times(1+g)^n \tag{8-2}$$

$$T_n=T_0\times(1-t)^n \tag{8-3}$$

将式（8-2）、式（8-3）代入式（8-1），可得第 n 年后的环境压力为

$$I_n = G_0\times T_0\times(1+g)^n\times(1-t)^n = G_0\times T_0\times(1+g-t-gt)^n \tag{8-4}$$

令 $g^*=g/(1+g)$，*表示经济增长对环境的消极作用，由式（8-4）可知：当 $t<g^*$ 时，环境压力呈上升趋势；当 $t=g^*$ 时，环境压力保持不变；当 $t>g^*$ 时，环境压力呈下降趋势。通过以上关系可以看出，g 越大，则 g^* 越大，环境压力越大，能源消耗量相应也越大，即 GDP 的快速增长会伴随着环境压力、能源消耗的增大。

通过图 8-3 可以看出，2008～2012 年重庆市 g^* 变化较为平缓，以 2010 年为分界点，2008～2010 年呈逐年上升趋势，2011～2012 年呈逐年下降趋势，这表明重庆市 GDP 增长率在 2010 年达到最高值之后略有下降之势，也即能源消耗量在 2010 年之后略有下降。图 8-3 中 t 波动较大，但都为正值，这表明近年来重庆市科技水平有显著提高，尤其是 2010 年，g^* 和 t 都达到了峰值，五年中首次 $t>g^*$，能源消耗呈下降趋势。但是，总体趋势是 $t<g^*$，2008～2012 年重庆市环境压力、能源消耗总体呈上升趋势，虽然这几年重庆市经济发展水平及科学技术水平都有所提高，但科技进步所降低的环境负荷比例仍然低于能源消耗强度，GDP 增长一定程度上是建立在过高的能源消耗之上的，经济增长方式较为粗放。因此，重庆市在承接产业转移中要实现低碳经济发展模式的转变，需要从政策维度出发，加强经济及科技政策的引导，大力发展低碳技术，树立绿色 GDP 的政绩观。

---

① 王永刚, 王旭, 孙长虹, 等. 2015. IPAT 及其扩展模型的应用研究进展. 应用生态学报, (3): 949-957.

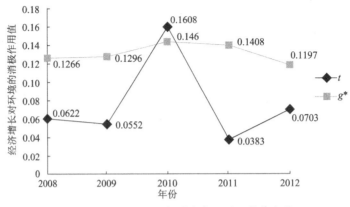

图 8-3　2008～2012 年重庆市 g^* 和 t 数值变化

8.3.4　西部地区承接产业转移政策的 IPAT 模型评价

通过图 8-1 IPAT 模型与低碳经济内在关系模型可知，IPAT 模型是整个模型的核心。在对环境压力影响因素进行解释的同时，通过对各要素的协调控制和平衡，实现承接产业转移与经济、人口、资源的协调发展，进而实现低碳经济的发展。该模型也在一定程度上反映了在产业转移中实现低碳经济发展的路径，为低碳经济的发展指明了方向。由于一定时期的人口数量相对稳定，而且随着工业进程的不断推进，环境压力更多地受工业尤其是高碳工业的影响。因此，在对有关 IPAT 模型及其多种扩展或变形方程的研究中，为简化研究，已经较少考虑人口的因素。在低碳经济视域下，构建西部地区承接产业转移的政策模型及具体的政策制定中，可以暂不考虑人口因素。

就 IPAT 模型本身而言，也存在一定的缺陷，对于环境压力的解释相对简单。从模型自变量和因变量之间的关系来看，环境压力会随着人口、经济总量和资源消耗的增加而增大，同样通过降低它们的危害性程度就可以减弱对环境的冲击。[①]然而，前文已经分析过 IPAT 模型是一个复杂适应系统，各要素之间通过非线性作用进行互动，这体现出复杂交叠的关系，而并非线性的简单作用，因此简单线性的推导变量之间的关系显然不符合实际情况。

为弥补 IPAT 模型的不足，迪茨和罗莎提出了随机回归影响模型（stochastic impacts by regression on population，affluence，and technology，STIRPAT），其公式为

$$I_i=aP^bA^cT^de \qquad (8-5)$$

---

① 唐靖凤，汪广周，胡马成，等. 2014. 原真性保护下的文化遗址公园活化模式构建. 产业与科技论坛，(8)：117-119.

式中 a 为常数项，b、c 和 d 为指数项，e 为误差项。[1]该模型建立了一个简洁的人文驱动力对环境影响作用大小的分析框架。[2]

由此可见，任何模型的适用性在一定程度上都是相对的、优缺点并存，低碳经济视域下西部地区承接产业转移的政策模型构建可以此为参考。但是，该模型仅仅提供了一个分析框架，并不意味着政策制定只能囿于该框架，政策制定者在政策制定过程中需要综合考虑各方面的因素，运用多种模型分析方法，进行审慎的分析与选择。

8.4　西部地区承接产业转移政策制定的引力模型

承接产业转移的关键在于提升区域吸引力，区域产业发展环境越好，政策越有优惠，城市综合实力越强，对产业的吸引力就越大。在物理学中，一般用牛顿的万有引力公式来表示两个物体之间相互的引力大小：

$$F=Km_1m_2/r^2 \tag{8-6}$$

式（8-6）中，F 为引力，K 为引力系数，m_1 和 m_2 表示两物体的质量，r 为二者间的距离，表明两个物体质量越大，距离越近，则吸引力就越大。

产业转移的基本形式是跨区域直接投资，承接产业地区的经济基础好、综合竞争力强、投资环境好，则越能吸引资金的注入，从而有效地承接产业转移。因此，西部地区制定承接产业转移政策的根本在于提升区域吸引力。因此，根据万有引力公式构建一个以政策影响力为基础的模型，已知 i 地区欲承接从 j 地区转移的 m 产业，则可构建模型为

$$F_{ij}=[KG_iG_j/Sq](P_i-P_j) \tag{8-7}$$

$$P = \sum_{i=1}^{n} a_i X_i \tag{8-8}$$

其中，F 表示 m 产业从 j 地区转移到 i 地区的吸引力；K 表示 m 产业从 j 地区转移到 i 地区的转移系数，在这里主要表示西部地区关于产业转移的宏观政策影响力，取值范围为 $0\sim1$；G 为 m 产业在转移前的产值。P 表示产业的发展系数，数值越大即表示这个地区更适合产业的发展。X 为产业发展所需的各种因素，a 为各种因素所占的比重。S 为两地之间的经济距离，取两城市间铁路、高速公路、航空、

① Dietz T, Rosa E A. 1994. Rethinking the environmental impacts of population, affluence and technology. Human Ecology Review, 1(2): 277-300.

② 王永刚, 王旭, 孙长虹, 等. 2015. IPAT 及其扩展模型的应用研究进展. 应用生态学报, (3): 949-957.

通信距离的平均加权值，q 为距离指数，主要受两地之间交通运输条件的影响。

以重庆为例，通过式（8-6）和式（8-7）可以看出，影响重庆承接产业转移的关键在于 P，即产业发展系数。假定重庆要想承接来自东部地区的笔记本电脑制造业，根据对东部地区该产业的调查，可以得出各种影响因素及其所占权重。重庆要实现更加有效的承接目标，则可根据相应的因素影响权重，制定相应的政策，以改变笔记本电脑制造业在重庆的产业发展系数。

假定 A 为重庆对于某产业的最小吸引力，要想承接东部地区产业的转移则必须使 $F \geqslant A$，影响 F 值的因素主要是 K 和 P_i，那么只要通过政策影响 K 和 P_i，使 F 的值大于（至少等于）A 的值，则重庆可以有效地承接 m 产业的转移。

在最低成本下，改变 i 地区的产业发展系数使 $P_i - P_j > 0$，而宏观政策在一定时期内又是稳定的，则 K 既定，那么当两地之间的距离，即经济距离最大的情况下，F 的值就是产业是否可以转移的临界点 A[式（8-9）]。经济距离的主要影响因素是交通条件，所谓最大经济距离就是在不改变现有交通条件下的经济距离。令

$$P_i - P_j = y \tag{8-9}$$

那么

$$A = lim < y \rightarrow min > [K_{ij} G_i G_j / Sq] y \tag{8-10}$$

由于在短时期内产业的产值（G）是固定的，宏观政策（K）在一定时期内是稳定的，因此要更好地承接珠江三角洲地区的电子产品制造业，需通过政策改变 X_1、X_2、X_3，使产业发展系统的差值（$P_i - P_j$）尽可能大，只有这样才能增强重庆对欲承接产业的吸引力。因此，需要通过完善关于劳动力、交通、土地租金等方面的政策，增强重庆对外部产业转入的吸引力和发展力。

8.5 西部地区承接产业转移政策的评估

在多元主体参与国家治理的背景下，西部地区承接产业转移的政策评估应该将相关的多元利益主体纳入其中，以评价政策实施的效果，改进政策制定的方式。因此，本书运用政策评估的利益相关者方法，探索西部地区承接产业转移的政策评估。

利益相关者的原意是在一个企业或一项商业活动中拥有投资份额，股份或者其他相关利益的个人和组织。[1]随着新公共管理运动的兴起，企业的一些管理方式、管理理念被运用到政府管理的实践中，而且随着公众参与意识的增强，利益相关者理论因其具有的全面性、包容性、参与性等优点，而在政策评估中得到广泛应用。

---

① 王瑞祥. 2003. 政策评估的理论、模型与方法. 预测, (3): 6-11.

8.5.1　西部地区承接产业转移政策评估的利益相关者

表 8-2 与表 8-3，反映了政策制定、执行、评估中的利益相关者，为政策制定及评估提供了重要的参考。当然，这只是从一般意义上对参与政策制定、执行、评估中利益相关者的表述。在具体的政策制定、评估实践中，由于涉及的政策内容、对象、目标等各不相同，因此应根据实际政策情境，结合政策内容进一步进行具体分析，以确定其利益相关者，并对政策进行有效评估。

在低碳经济视域下，西部地区在承接产业转移的过程中，涉及的利益相关者较为广泛，包括政府、企业、社会、公众、中介组织、不同政见者等多主体的切身利益。因此，在政策评估中，政府、企业、公众及社会都是不可缺少的评估主体。当然，政府是政策的最终制定者，也是重要的评估主体，在政策评估中处于中心地位，而企业、公众及社会（包括社会媒体、独立的第三方政策评估机构等）参与评估，对政府的政策制定及评估起到重要的监督、辅助与参谋作用。如果仅仅由政府进行自我评估，则难免会有失偏颇，难以充分考虑公众的诉求，不利于政策制定与实施的民主化、科学化。因此，在西部地区承接产业转移相关政策的评估中，应将公众、社会媒体、第三方组织等利益相关者的评估纳入其中，从而对政策本身进行客观、科学的评估，以保证政策的有效推行。

表 8-2　政策制定、执行过程中的利益相关者

利益相关者	解释	利益相关者	解释
公众	在国家政治体系中有权选举各级决策者的公民	当地管理部门	负责政策传达的基层管理部门
政府	负责决定各种政策是否要制定、实施、中止、暂缓执行或取消的官员	社区基层干部	负责政策传达的具体负责人（通过当面宣讲、电话、邮寄等方式直接将政策传达给公众）
不同政见者	对某项政策持不同意见的人	用户	政策的调节对象（如业主、厂商、政府部门等）
国家一级的主管官员	负责政策实施的国家级官员	交叉部门	政策实施所牵涉的其他政府机构
具体主管官员	具体政策实施的国家中层官员	竞争者	与政策执行部门竞争有限资源的机构或组织
独立中介机构	对于政策实施，在某方面负有责任的非政府组织	学者	从事政策相关内容研究的学者

表 8-3　政策评估中的利益相关者

利益相关者	解释
评估者	负责政策评估项目的设计、执行，做出评估结论的人员

续表

利益相关者	解释
评估发起人	对评估活动进行立项组织并给予资金支持的机构
其他从事政策评估活动的人员与机构	阅读评估报告，对评估技术、评估结论的质量进行评价

8.5.2 西部地区承接产业转移政策评估的标准

政策评估标准是衡量政策效果的标尺，只有依据一定的标准，才能真正对政策进行准确评估。在低碳经济视域下，西部地区在承接产业转移的过程中，对于地方政府所制定政策的评估标准，还需根据具体情况进行具体分析。政策评估标准包括事实标准、技术标准和价值标准，其中事实标准反映事物的现实状态，技术标准强调评估工具与手段的运用，价值标准反映评估主体的价值观和准则。①

在低碳经济视域下，研究西部地区承接产业转移的政策评估，其评估标准自然包括低碳标准，其实际上是一种价值标准（低碳经济理念）。西部地区与中东部地区相比，经济发展较为落后，承接产业转移的首要目标是实现经济的发展，因此在政策评估中，其政策目标、效率与效益等事实标准也是必须要考虑的因素。在技术标准上，由于评估标准既涉及事实标准，也涉及价值标准，评估方法则要做到定性与定量评估相结合。西部地区承接产业转移政策评估的标准体系如图 8-4 所示。

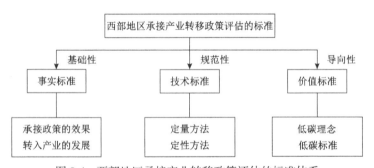

图 8-4 西部地区承接产业转移政策评估的标准体系

（1）事实标准。该标准是指在低碳经济视域下，西部地区承接产业转移的政策评估，主要依据政策实现的效率、效益等事实情况来开展，这是政策评估的基础性内容，如果离开事实标准去讲价值标准，无疑是空中楼阁。首先，承接政策的效果情况，表现为引进内外资的资金量、世界 500 强企业入驻率、大中型企业和龙头企业的引进数量、本地急需产业和补链产业的引进情况等，以此来证明政策的有效性。其次，转入产业发展的情况，包括产业的稳定度、投产率、盈利率、

---

① 宁骚. 2003. 公共政策学. 北京: 高等教育出版社.

市场份额、融合度等内容，以此来证明政策的保障性。

（2）技术标准。技术标准主要反映技术手段在评估中的应用情况，突出多元化的标准，它是政策评估的规范性内容。技术和方法上应做到定量与定性相结合，定量评估可采用效能（effectiveness）、效率（efficiency）、平等（equity）的 3E 标准，以及成本—效益分析法等，组织专业评估机构、高校和研究机构的相关专家学者进行评估，在评估中要突出低碳标准。定性评估主要侧重定量评估无法测量的政策功能、价值判断等，可运用观察法、问卷调查、访谈等方式，组织专家学者及独立、权威的评估机构对政策进行评估。

（3）价值标准。在对西部地区承接产业转移的政策进行评估时，还应突出低碳标准，即所制定的产业承接政策是否有利于低碳经济的发展，主要依据绿色发展、低碳发展理念的建立和实践运用的情况来进行，这是政策评估的导向性内容。其主要表现为转入产业的低碳设备运用情况、低碳技术研发情况、能源资源节约情况、排放强度降低情况、单位 GDP 耗能降低情况、废弃物回收处理与再利用情况等，对评估合格的低碳产业应给予税收、用地、金融、节能减排等政策优惠。

8.5.3　西部地区承接产业转移政策评估的模式

西部地区承接产业转移政策的评估模式是在利益相关者模式的基础上，结合 360 度评估体系，使利益相关者能够尽可能全面地对政策进行有效评估。政策评估主体应该体现出多元的特点，拓展和增强评估主体的范围与代表性。因此，与西部地区承接产业转移活动密切相关的利益相关者也是评估主体多元化的体现，具体的参与主体如图 8-5 所示。

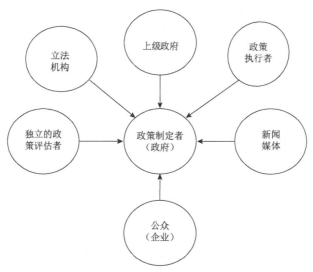

图 8-5　西部地区承接产业转移政策评估的 360 度评估体系

　　在对西部地区承接产业转移政策的评估过程中,需要建立健全由政策执行者、上级政府、立法机构、独立的评估机构、企业(公众)、新闻媒体等利益相关者组成的公共政策评估主体,以对西部地区政府的承接政策进行评估。同时,需要在政策评估的准备阶段做好宣传工作,使利益相关者对政策本身有一定的了解,熟悉政策内容,以提高评估效率。此外,在低碳经济视域下西部地区承接产业转移的过程中,地方政府在政策的评估过程中,应充分尊重公众诉求和需求,让他们参与到政策的评估中去,认真听取他们的评估意见,这有利于政策评估的民主化、科学化,更有利于政策的有效实施。在政策评估中,根据承接产业转移不同阶段,评估主体的选择可以参考表 8-2、表 8-3 中所列出利益相关者,以保证评估主体的全面性和针对性。

产业转移是促进区域协调发展、实现产业能力互补的重要途径。承接产业转移的生态价值体现了产业转移过程中经济建设与环境保护协调发展的目标，其本质是促进区域的可持续发展。因此，本章主要研究西部地区承接产业转移中生态价值的实现机理，并基于非契约机制的观点，研究生态价值中的政府行为优化问题。

9.1 价值与生态价值

9.1.1 价值的含义

价值理论作为理论界的基本研究范畴，自亚里士多德时代就开始进行了探索，并取得了丰富的研究成果。关于价值本质的哲学探讨已经历了上百年，价值论的研究范式主要有实体说、固有属性说、关系说三种，其中实体说认为价值是实体，固有属性说把价值理解为客体的固有属性，关系说则把价值纳入关系范畴，还有一种将价值视为一种功效或功能的功能说。[①]各个学科因其属性不同、研究对象不同、研究基础不同，对价值的理解各异，但它们有一个共同的特点是价值是本学科的基本命题，它规定和影响着学科的根本属性与方向。一般来讲，价值是指客体对主体的意义、有用性或效用。然而，因为价值本身具有抽象性和复杂性，学术界的意见并不统一，价值观点的争论也从未间断，其中主要的观点有以下几种。

（1）马克思主义的观点。马克思主义劳动价值论认为，价值是凝结在商品中

---

① 王玉樑. 2008. 关于价值本质的几个问题. 学术研究, (8): 43-51.

的一般性人类劳动，商品具有使用价值和价值的双重属性，使用价值是一种自然属性，而价值是一种社会属性，即从人与人之间的关系角度来认识价值。价值的概念是人们在与满足其需要的外界事物的关系中产生的，其需要具备两个条件才会产生。首先，人与外界事物发生联系；其次，这些事物能满足人的需要，不能满足人的需要就不能称其有价值，反映了主客体之间的需要与满足关系。因此，商品的有用性和人类一般劳动的凝结是价值的两个基本条件。[①]

（2）经济学的观点。基于经济学的学科属性，对价值的认识主要侧重于其具有定量化的特点。经济学有两种既区别又联系的价值含义，第一种是指对事物的定量化评估，第二种是在评估中所产生的态度、情感和好恶，这时的价值具有了道德的含义。[②]该观点实际上体现了价值既具有客观标准，又具有主观意愿的综合特点。

（3）社会学的观点。德国社会学家、行政组织理论创始人马克斯·韦伯把价值立场引进了社会学的研究视野，价值解释了研究对象的意义结构，是认识事物和规律的前提与方向。[③]价值立场并非主观产物，它的客观前提是价值关系，即在实践中主客体相互作用、相互影响而形成的关系，价值客体并不是简单的现实事物，而是被人们改造过且融入社会关系之中、具有一定社会价值的现实事物。[④]因此，社会学用价值关系来反映价值的属性，它是一种主体、客体彼此适应和融合的实践关系。

（4）企业管理学的观点。关系价值是商业营销、企业间关系的基本概念，其主要观点为价值本身是关系交换的结果[⑤]，体现了人们对偏好、效用的主观感知和评价[⑥]，是企业对关系中获得利益和付出成本的权衡。[⑦]哲学关于价值论的研究也与管理学的关系价值有相通之处，陕西省价值哲学学会原会长王玉樑认为价值是主客体相互作用的结果，是客体对主体需要的积极效应，要正确理解价值的本质，就必须运用关系思维去研究，这是价值哲学的百余年历史所证明的经验。[⑧]有学者运用价值分析法，重新思考了管理学学科的性质和使命，认为"管理价值"

① 李源. 2002. 从劳动价值、虚拟价值到自然力价值——关于资源、环境和生态价值含义的理性讨论. 天津社会科学, (4): 92-95.

② 汪毅霖. 2016. 经济学的价值维度及其科学哲学含义. 科学技术哲学研究, (5): 67-72.

③ 章敏. 2000. 社会学研究的价值立场. 厦门大学学报(哲学社会科学版), (3): 103-108, 144.

④ 侯钧生. 1995. 价值立场与社会学知识的客观性. 社会学研究, (6): 7-12.

⑤ Ulaga W, Eggert A. 2006. Value-based differentiation in business relationships: gaining and sustaining key supplier status. Journal of Marketing, 70(1): 119-136.

⑥ Woodruff R B. 1997. Customer value: the next source for competitive advantage. Journal of the Academy of Marketing Science, 25(2): 139-153.

⑦ Golicic S L. 2007. A comparison of shipper and carrier relationship strength. International Journal of Physical Distribution and Logistics Management, 37(9): 719-739.

⑧ 王玉樑. 2008. 关于价值本质的几个问题. 学术研究, (8): 43-51.

是构成管理目标的因素状态与管理诉求的一种关系状态的集合。[①]可见，关系价值既表明主体根据其情感和期望而对客体的主观感受，同时强调主客体之间关系状态是价值实现的基本前提，而且后者更为重要。

（5）公共管理学的观点。自哈佛大学肯尼迪政府学院马克·穆尔教授于1995年在其《创造公共价值：政府战略管理》一书中，提出了公共价值的概念，并构建了公共价值、能力、支持组成的"三圈理论"[②]，公共价值便成为该领域研究的热点问题之一。公共价值以相互合作为基础，通过合作、沟通、对话来提升彼此的信任度，从而促进治理绩效的提升，并体现出明显的网络化治理特征，因此公共价值框架与治理理论相互耦合[③]，它是公众集体偏好（collective preference）的协调表达，是政府通过法律、政策、服务和其他行为创造的价值，是关于权利、责任和规范形成的共识。[④]公共价值是同类客体能同时满足不同主体的需要而具有的意义、效用[⑤]，其含义包含公共表达（主体）、公共效用（客体）及公益导向的规范性三个方面。[⑥]由此，公共管理学更加注重从主体、客体、公众等多维立体的视角，来分析公共价值的含义，并具有显著的公益性、规范性、责任性特征。

从劳动价值论、要素价值论、稀缺性价值论到信息价值论、知识价值论揭示了要素型的价值创造；从主观消费价值论、边际效用价值论到市场均衡价格理论揭示了产品与市场之间关系型的价值创造；从价值链条到价值网络再到价值星系揭示了从线性价值到平面网络，再到立体结构的结构型价值创造。[⑦]

总体来说，对于价值的认识主要有三种观点：一是基于主体的主观感知、情感、好恶来看待，突出主观性；二是从客体的有用性来看待，是否有用是判断是否有价值的标准；三是从主客体之间的互动关系来分析，突出二者的互利性。本书认为，在推进治理能力现代化的过程中，应更多地从公共价值的视角、基于主客体之间的关系来研究低碳经济视域下承接产业转移的价值问题。

9.1.2　生态价值的含义

国外关于生态价值的研究，是随人们生态价值观的改变、发展而逐渐深入

① 程少川. 2016. 再思管理学学科性质与使命——管理学价值分析方法论探索之导引. 西安交通大学学报(社会科学版), (2): 32-39.

② Mark H M. 1995. Creating public value: strategic management in government. Cambridge M.A.: Harvard University Press.

③ 唐兴霖, 马亭亭. 2015. 地方公共服务改革：公共价值的治理途径. 学术研究, (7): 32-39, 159.

④ 王学军, 张弘. 2013. 公共价值的研究路径与前沿问题. 公共管理学报, (2): 126-136, 144.

⑤ 胡敏中. 2008. 论公共价值. 北京师范大学学报(社会科学版), (1): 99-104.

⑥ 汪辉勇. 2008. 公共价值含义. 广东社会科学, (5): 56-61.

⑦ 王树祥, 张明玉, 郭琦. 2014. 价值网络演变与企业网络结构升级. 中国工业经济, (3): 93-106.

的。①20 世纪 30 年代以来，西方经济思想发展到了一个新时期，其价值观念更加重视生态因素，即由生态无偿向生态有价、由经济伦理向生态伦理、由传统向可持续转化。②随着我国发展程度的不断提升，经济增长与环境保护之间的矛盾越发凸显，迫切需要改变发展思路、转型发展理念。因此，生态价值观就是人们在反思人为造成生态系统失衡、生态环境破坏的基础上发展起来的，协调人与自然关系、经济与生态关系、发展与生存关系的一种新型发展观。

对于生态价值的概念，有以下几种不同的观点：第一种是生态对人们的有用性或者意义，强调生态系统对需要的满足。环境破坏给人类生存与发展带来了严峻挑战，因此在生态领域亟待建立一种新的生态价值观念，生态价值是指生态对人的一般意义和作用，其评价可用生态、生产、生活这样的"三生"综合指标来表示。③在人类多元的价值体系中，生态价值是极为重要的价值理念，它是自然环境满足人的需要的能力。④从宏观视角出发，程宝良和高丽认为生态价值的实质是一种主观价值反映，即自然环境是否能够满足人们的客观需要，是否能够协调社会和自然两个系统的整体间关系⑤；从生态系统的服务性出发，谢高地等认为生态系统具有服务价值，即生态系统通过自身功能为人们提供产品和服务的价值，可用以测度其生态服务的产出。⑥第二种是生态系统除了给人类社会提供价值，自身也存在价值。基于生态学的视角，将生态价值理解为生态系统的自身价值和服务价值，其中自身价值包括创生、平衡、自净三类价值，服务价值具有物质循环、能量流动两个重要特征⑦，因此应该充分认识到环境自身的价值，重视和尊重环境价值，做到对生态环境有利、有节的保护性利用。第三种是强调生态系统中主客体的关系价值。从总体性视角出发，孙志认为生态价值是生态系统的总体价值，既包括自然界优良的生态产品的价值及矿产资源承载的价值，也包括人们通过控制污染、恢复生态等行为获取的价值⑧，这说明人们应该对以往掠夺资源、破坏环境的行为进行反思，改变传统的单一、单向发展理念，并通过调整生产行为、生活行为为生态系统的良性发展做出贡献。因此，生态价值应包括以下内容，自然环境满足人的生存要求，具体体现为自在、使用和审美三类价值，反之，人又要满足自然环境的需要，对生态改善承担责任，通过发挥其巨大能动作用和生态价值潜力，积极影响环境而产生生态

---

① 金卓，王晶，孔卫英. 2011. 生态价值研究综述. 理论月刊，(9): 68-71.
② 刘新庚，肖继军. 2013. 当代西方经济思想的生态价值考量. 求索，(11): 93-95.
③ 余谋昌. 1987. 生态学中的价值概念. 生态学杂志，(2): 31-34, 43.
④ 钱俊生，彭定友. 2002. 生态价值观的哲学意蕴. 自然辩证法研究，(10): 13-15, 29.
⑤ 程宝良，高丽. 2006. 论生态价值的实质. 生态经济，(4): 32-34, 43.
⑥ 谢高地，张彩霞，张昌顺，等. 2015. 中国生态系统服务的价值. 资源科学，(9): 1740-1746.
⑦ 卢彪. 2013. 生态学视域中的生态价值及其实践思考. 社会科学家，(9): 20-23.
⑧ 孙志. 2017. 生态价值的实现路径与机制构建. 中国科学院院刊，(1): 78-84.

价值，具体体现为文化、生产、伦理、宗教和审美等实践形式，生态价值就是人与环境之间相互满足需要和彼此依赖的关系。①

本书认为，生态价值是主客体之间的一种互利、互惠的关系价值，环境对主体提供生态服务而使主体需求得到满足，反之，主体对环境也有具有保护和修复的价值，从而形成主客体之间彼此善待、相互尊重、和谐共生的良性互动关系。具体从研究情境来看，客体价值是自然资源和生态环境对承接产业转移所产生的效用，满足政府、企业、公众、社会组织等多主体的利益和意愿；主体价值是在承接产业转移中所担负的环境责任和生态义务，通过规范产业转移中各主体的行为，包括制度完善、环境改善、能耗降低、污染减少等，创造更加优良优美的自然生态环境，产出更多可循环和清洁利用的资源能源，从而通过主客体之间的关系协调并形成合力，促进在低碳经济视域下推进承接产业转移的生态价值实现。低碳发展在人类文明、思想观念和社会道德上体现为生态价值的诉求、方向与要求②，可见低碳经济是实现生态价值的重要途径，二者本质相近、内涵相通，因此以低碳经济理念指导承接产业转移的实践、优化承接产业转移的行为，有助于西部地区生态环境的改善和生态价值的实现。

9.2 西部地区承接产业转移生态价值的实现

生态价值不仅体现为主客体之间的相互关系，是一种关系价值，是自然环境为产业转移提供支撑的服务价值，以及产业转移对于生态环境保护、能源资源节约利用的价值；同时，具有公共性，为产业转出地和转入地的公共利益服务，实际上也是一种公共价值，兼具关系价值与公共价值是生态价值的应有之义。在低碳经济视域下西部地区承接产业转移的过程中，既包括政府、企业、公众与环境之间互动的关系价值，同时包括促进地区发展、区域协调和社会进步这样的公共价值，因此将价值定位为生态价值。

9.2.1 西部地区承接产业转移生态价值的实现框架

依据前文对生态价值的分析，西部地区承接产业转移的主体是政府、企业、公众、中介等组织，而客体是承接产业转移中的资源能源和自然环境支撑。客体对主体来讲，能够满足实现产业转移目标的效用；主体对客体来讲，有承接产业转移中爱护自然环境、节约能源资源、降低排放的义务和责任。西部地区承接产业转移的生态价值，具体由关系价值（relationship value）、行为价值（behavior

---

① 胡安水. 2006. 生态价值的含义及其分类. 东岳论丛, (2): 171-174.
② 薛勇民, 王继创. 2012. 论低碳发展的生态价值意蕴. 山西大学学报(哲学社会科学版), (2): 1-3.

value）、服务价值（service value）、协同价值（collaboration value）与公共价值（public value）这五种类型构成的生态价值体系。

（1）关系价值：实现承接产业转移低碳化发展。该价值是主客体之间关系互动、相互满足的结果，客体在产业转移过程中满足主体对能源、资源和环境的需求，以优质的清洁能源、水资源、土地和优良的环境，为产业转移提供现实支撑；主体在承接产业转移过程中积极保护环境、节约资源能源、制定保护生态环境的政策和法规、开展节能减排和清洁生产行动，使客体得以循环利用、再生利用，维护生态系统的平衡。通过主客体之间互利的关系价值，逐渐减少对生态环境的污染、破坏和过度使用，从而实现承接产业低碳化转移。

（2）行为价值：实现承接产业转移规范化发展。该价值主要是指主体为了保护客体，实现其持续发展采取的一系列措施的结果。政府部门通过规范自身的决策和行为，正确地履行引导、服务、监督职能，发挥市场机制的调节作用，实现科学化、规范化地承接产业转移。转移企业通过约束生产、经营行为，实现对能源资源的保护性开发和利用。环保组织发挥桥梁纽带作用，为企业提供专业的政策咨询、关系协调和低碳技术服务。通过主体对客体的行为价值，有效提升产业转移的规范化水平。

（3）服务价值：实现承接产业转移效益化发展。服务价值是客体为实现主体需求、意愿、期望而提供环境支撑，从而实现产业转移的经济效益，这是主体最基本的需求。其表现为客体为本地企业和转入产业提供能源、自然资源的服务，使产业能够实现有序发展、低碳发展。通过客体自身自净能力、平衡能力的提升，为产业提供良好的生产要素。同时，丰富而清洁的能源资源、优良的环境条件，能为政府制定低碳化的产业转移决策提供依据。客体通过提升服务价值和服务能力，能够使产业转移实现效益最大化。

（4）协同价值：实现承接产业转移透明化发展。该价值是通过主体之间的相互协调沟通而产生的价值，有助于使产业转移按照公共利益期望的方向发展。协同价值体现为政府征求关于产业转移的意见、公众参与产业转移决策、产业表达自身发展诉求、社会组织开展环境维权等方式，共同实现承接产业转移的透明化，以满足各个主体的实际需求，其具体表现为代表大会、听证会、发布会、咨询会、恳谈会、维权等活动形式。协同价值能增强各主体之间的相互沟通和理解，增强信息公开性和透明度，使产业转移符合公众的诉求和意愿，符合生态环境保护与修复的需求。

（5）公共价值：实现承接产业转移公益化发展。承接产业转移，容易导致污染的转移、资源能源衰竭和生态环境恶化，使生存和发展遭受威胁，从而引起人们对自身的深刻反思。这种价值就是通过对客体不当利用的反省，是主体树立生态理念、重塑审美观念、尊重自然规律的结果，包括公众培养低碳行为、践行低碳生活、爱护自然环境和公共设施等方式。公共价值因客体对主体的反馈和经过主体的反思而产生，它为承接产业转移创造了良好的生态氛围和社会条件，因此是生态价值中必不可少的一部分。

以上五种类型价值的比较如表 9-1 所示。

表 9-1　五种类型价值的比较

类型	主客体关系方向	效应
关系价值	主体↔客体	产业转移低碳化
行为价值	主体→客体	产业转移规范化
协同价值	主体↔主体	产业转移透明化
服务价值	客体→主体	产业转移效益化
公共价值	客体→主体	产业转移公益化

综上分析，本书构建了如图 9-1 所示的西部地区承接产业转移的"1+4"生态价值实现框架，"1"表示处于中心地位的关系价值，"4"表示行为价值、协同价值、服务价值与公共价值这四个基本层面。关系价值处于生态价值的核心层面，主导着生态价值实现的基本规则，同时与四个基本层面双向互动、相互提升，这体现了主客体之间良性互动关系及需求彼此满足的状态，共同促进产业转移的低碳化和生态化。四个基本层面，体现了主体对客体的满足、主体之间的满足、客体对主体的满足，并从不同层面阐释了生态价值的内涵，它们之间互为基础、分工协作、有序运行、协同共进，共同推进产业转移中主客体关系的改善与优化，从而不断提升主客体之间的关系价值。

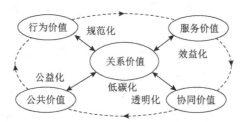

图 9-1　西部地区承接产业转移的"1+4"生态价值实现框架

9.2.2　西部地区承接产业转移生态价值的实现机理

西部地区承接产业本身是一个动态和静态相结合的过程，因此其生态价值实现也是一个静态结构与动态机理相互叠加、相互耦合的过程。图 9-1 构建的静态的生态价值框架，体现了其内部构成要素及要素之间的关系。同时，价值实现的机理体现了生态价值实现的规律，实际上是一个动态过程，因此基于产业转移前期、中期、后期的不同阶段特点和低碳需求，构建了西部地区承接产业转移生态价值实现的动态机理（图9-2），各个环节呈现出生态价值不同的表现形式。

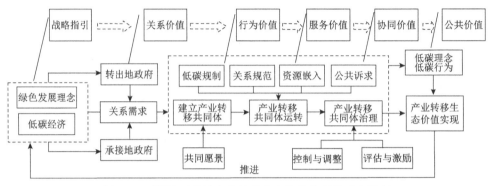

图9-2 西部地区承接产业转移生态价值实现的动态机理

（1）产业转移前期会形成基本的、贯穿全程的关系价值。在产业转移前期，产业转出地政府和承接地政府在绿色发展理念、低碳经济指引下，均有建立产业转移关系的需求。产业转出地政府具有化解过剩产能或产业链拓展的要求，而西部地区承接地政府具有升级产业结构和发展新型产业集群的需求，两地政府之间基于彼此信任、承诺和依赖建立了合作关系，实现了关系的对接，进而因双方的共同愿景而建立了产业转移共同体。在这个过程中，作为客体的资源、能源及自然环境满足了作为主体的两地政府、产业的需求，而主体又可通过对客体设定生态红线、限制开发而实现对产业环境的保护，以使产业转移的关系得以可持续发展。因此，该阶段是主客体之间相互作用、相互满足的过程，形成了产业承接中的关系价值。

（2）产业转移运行过程中形成了微观的、更具有现实效果的行为价值、服务价值与协同价值。在产业转移共同体运转期间，首先应通过规范、秩序的制定与维持，采用低碳规制、区域限批、生态补偿、清洁生产等措施，约束政府的决策行为、产业的生产行为，以实现主体对客体的节约利用和保护开发，从而形成了行为价值。同时，客体通过资源嵌入的方式，为西部地区所承接的产业提供优良的资源能源和环境条件支撑，促进其经济效益的实现，这体现出客体对主体的服务价值。在产业转移共同体运转的全过程，从政府的承接决策、承接产业的类型到承接中存在的问题与冲突处理，公共诉求都参与其中，特别是社会公众与环境中介组织发挥着重要的咨询建议、民意表达的重要作用，这种主体之间的互补关系和协调配合，形成承接产业转移中的协同价值。

（3）产业转移的后期形成了宏观的、具有更长远影响的公共价值。随着产业转移共同体运转日益稳定，产业转移双方政府、产业的关系更加稳固，信任度显著提升，但也会出现部分转入产业损害生态、浪费能源、污染环境等破坏合作关系、违反契约的现象，从而影响共同体的运转，因此必须加以治理。政府部门、监管机构应完善激励机制，通过加强关键节点控制、生产计划调整、环境评估等治理措施的运用，具体可采取生态补偿、污染者付费、限制产能、减少碳配额等方法，对问题企业进行整改和惩罚。对节能减排达标、清洁生产的企业，采用政策支持、经济奖励、税收减免、增加碳配额等方式给予奖励，使本地产业与转入产业转变观念、加强自律，共同树立低碳生产、低碳发展的理念。同时，在承接产业转移过程中，通过对产业的监督、政府决策的参与，使社会公众认识到生态环境的重要性和不可替代性，从而自觉树立低碳经济观。在整个承接产业过程中，是客体实现了主体的自我反思、自我超越、自我革新，政府、企业、公众都参与低碳经济发展，从而形成了影响力更大、更加持久的公共价值。

综上所述，在低碳经济视域下西部地区承接产业转移的实践，既是获得经济效益、实现产业结构调整、建立现代产业体系的过程，又是从各个环节不断实现生态价值的过程，二者互为补充、共同促进。现代产业体系更好地保障了生态价值的实现，生态价值又为现代产业体系构建提供了更为全面的支撑。承接产业转移生态价值的实现，既是绿色发展理念指引的结果，反过来又能够促进地区低碳经济的发展，使西部地区强化低碳发展理念，形成"低碳经济指引→承接产业转移→生态价值→实现低碳发展"的产业转移战略性路径与良好发展局面。

9.3 西部地区承接产业转移生态价值实现的政府行为

关于产业转移行为主体的研究中，政府行为对产业转移所起的作用容易被忽视，更多是把着眼点放在市场、企业的行为中，而在经济水平较为落后的西部地区要实现产业转移的生态价值，政府的行为具有主导性作用。因此，西部地区承接产业转移生态价值的实现，需要产业转出地政府、承接地政府、企业、公众及环保组织形成合力，而两地政府之间的共生关系是生态价值实现的重要一环。

近年来，运用非契约机制研究组织间关系已成为学术界的新视角，它依赖的是组织间的信任逻辑、情感逻辑，因此可解决契约机制存在的"不完全性"问题。[①]因此，本书运用非契约机制方法，构建两地政府在承接产业转移过程中的行为路径。非契约机制是指组织间达到"某种相互默契"的状态[②]，通过信任、承诺、情感的建立，共同应对变动的环境，从而促进组织间关系的持续健康发展。

① 徐碧琳. 2011. 组织间的非契约控制机制——企业战略网络运行效率研究新视角. 中国社会科学报, (11).
② 任浩, 甄杰. 2009. 创新型中小企业间研发合作的非契约机制研究. 科学学与科学技术管理, (12): 128-133.

因此，信任、声誉、沟通、满意等是构成非契约机制的基本要素。

9.3.1 政府间非契约机制的构成

根据西部地区承接产业转移生态价值的实现路径分析，从基础、导向、氛围三个层面，将两地政府非契约系统分为政府间信任机制、共同愿景、文化融合三个子系统（图9-3）。其中，基础层面的政府间信任机制是决定两地政府能否合作的前提；导向层面的政府间共同愿景是决定两地政府合作是否顺利的关键因素；氛围层面的政府间文化融合决定两地政府的合作效果。西部地区各政府在承接产业转移过程中要建立合作共生关系，形成关系价值、行为价值与协同价值，必须充分发挥三个子系统的协同作用。

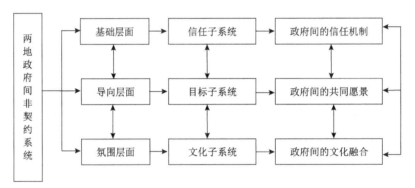

图 9-3 产业转出地与承接地政府间非契约系统

1）政府间的信任机制

在组织间关系领域，信任是一种对合作者的信心、期望和意愿。信任是对合作伙伴的诚实有信心[1]，是彼此行为有助于满足相互需要的达成。[2]西部地区在承接产业转移过程中，两地政府间的信任是决定其做出转移决策的关键性因素，是双方合作的首要前提，只有具备基本的信任基础，才可能建立合作关系。组织间信任与绩效之间存在正相关关系[3]，两地政府间的信任度越高，产业转移的绩效越显著。政府间信任的建立，需要双方认可彼此实力与具备合作意愿两个要素，因此在产业转移过程中，两地政府的信任机制可划分为实力信任和守诺信任两个维度。

① Morgan R M, Hunt S D. 1994. The commitment-trust theory of relationship marketing. Journal of Marketing, 58(3): 20-38.

② Anderson E, Weitz B. 1989. Determinants of continuity in conventional industrial channel dyads. Marketing Sciecne, 8(4): 310-323.

③ 曹蔚玮, 吴文具. 2003. 提高组织凝聚力的重要工作——塑造共同愿景. 企业经济, (3): 92-93.

2）政府间的共同愿景

承接产业转移共同体关系建立后，在运转过程中如要实现利益共享、风险共担的和谐共生状态，其前提是共同愿景的建立。共同愿景是从个体意愿出发，经过沟通协商之后形成双方共同意愿的过程，是关系伙伴共同接受的发展意愿和目标，能够有效促进双方凝聚力的形成与潜在冲突的化解，因此共同愿景是两地政府合作成功的重要条件。在承接产业转移过程中，两地政府各有其价值理念和目标追求，随着产业转移的推进，在各自目标的基础上形成双方的共同目标。因此，在产业转移过程中，两地政府的共同愿景可分为价值取向、组织目标两个要素。

3）政府间的文化融合

不同组织的特点、价值观和行为规范不同，组织文化可能存在较大差异，若因此产生严重的冲突，就会直接影响合作的质量和效率。组织间的文化融合，有利于加强合作伙伴的理解，对合作双方认可度提升、互助行为的培育具有重要的促进作用，可有效化解组织间合作关系的潜在威胁，提高组织的合作效率。在产业转移的过程中，两地政府的文化融合是决定产业转移合作关系持续的关键，因为要实现所承接产业与本地产业的对接，就要处理好产业转移之后的一系列环节，如理念相融、产业整合、信息沟通、冲突协商等，这些都可以通过彼此的文化融合来实现。因此，西部地区承接产业转移过程中两地政府的文化融合，可分为合作理念和沟通机制。

基于以上分析，图 9-4 表明了承接产业转移两地政府间非契约机制的构成要素，信任机制包括实力信任、守诺信任，共同愿景包括价值取向、组织目标，文化融合包括合作理念、沟通机制，这六个要素共同构成了政府间合作的非契约机制。

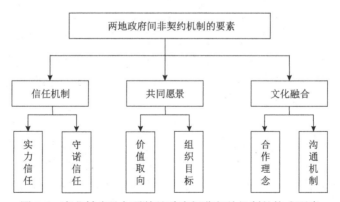

图 9-4　产业转出地与承接地政府间非契约机制的构成要素

9.3.2　基于非契约机制的政府间行为静态模型

两地政府间共生关系的建立，是西部地区承接产业转移生态价值实现的重要环节，而政府行为是分析共生关系形成、低碳决策制定的前提。因此，基于非契约机制的要素构建，从静态和动态两个角度构建两地政府的行为路径（图 9-5）。

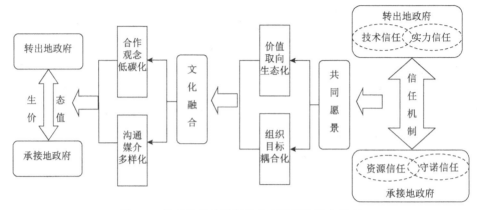

图 9-5　基于非契约机制的政府间行为静态模型

1. 两地信任机制的建立

1）基础：建立实力信任

要素互补是建立组织间实力信任的关键因素，产业链资源互补有助于增强组织间的信任。[①]因此，产业转移的两地政府要挖掘双方的资源互补价值，寻求资源对接点，形成积极合作的意愿。西部地区在承接产业转移的过程中，寻求与产业转出地的资源互补，建立资源对接点，是建立信任机制的前提条件。如图 9-6 所示，东部地区政府之所以把一些产业转移到西部地区，原因在于西部地区丰富的自然资源和劳动力资源能够弥补东部地区资源的不足；反之，西部地区之所以承接东部地区的产业，原因在于其产业科技含量满足了西部地区经济发展的技术需求。因此，西部地区在承接产业转移的过程中，政府要积极发挥自身的资源优势及对技术的诉求，转出地政府则要充分展现转出产业的科技含量，这是两地政府建立信任关系、形成产业对接的基础。

2）关键：确保信守承诺

信守承诺是两地政府信任关系建立的关键，它是经过长时间合作关系树立起来的政府形象，主要包括产业转移过程中政府的信用建设、政策执行、资源支持等。例如，江苏省引进外资的成功秘诀就在于政府信守承诺而形成的口碑效应，提升了对外商的吸引力。因此，两地政府在产业转移的过程中，需要通过协商的方式求得协同一致，共同维护产业共同体的形象和利益，同时转出地政府应履行

---

① Wei H L, Wong W Y, Lai K. 2012. Linking inter-organizational trust with logistics information integration and partner cooperation under environmental uncertainty. International Journal of Production Economics, 139(2): 642-653.

不破坏转入地环境的承诺，西部地区政府要履行当初给予清洁能源资源和产业配套的承诺。为了更好地合作，两地政府可以在动态中调整自己的意愿，以便使对方感受到合作的诚意，从而更加信守承诺，并促进共同愿景的建立。

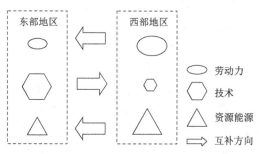

图 9-6　产业转移中东西部地区资源互补情况

2. 两地共同愿景的形成

1）基础：双方价值取向的生态化

价值观念具有引导性、稳定性、传播性的特征，良好的价值取向有助于共同愿景的达成。西部地区在承接产业转移的过程中要实现其生态价值，两地政府应树立绿色发展和低碳经济理念，带头履行生态管理与建设职责，为价值观念形成提供方向；提倡并大力宣传生态价值理念，通过政策宣讲、科普宣传、典型案例等引导企业、公众、社区等生态价值观的形成；对破坏生态环境的行为，采取教育、批评或惩戒等多种方式结合起来加以引导，对于不听劝导、不主动整改、不采取环保措施的企业，给予罚款、限期整改、停产整顿，甚至迁出本地的严厉处罚。只有两地政府共同实现价值取向的生态化，才有利于生态价值的实现。

2）关键：双方组织目标的耦合化

社会系统学派创始人切斯特·巴纳德提出了组织构成的三大要素，即协作意愿、共同目标和信息沟通，共同目标是其中一个非常重要的要素，它是组织存在的基础。组织目标受内外部因素的共同影响[1]，因此目标具有多元性。在承接产业转移的过程中，两地政府有其各自的发展目标，目标不一致或发生冲突的现象时有发生，这就需要双方进行目标的协调：首先将总目标分解成系列子目标，其次寻求与产业转移有关的子目标，最后进行双方关于产业转移层面的目标耦合，完成政府间目标的匹配，确定共同目标。在承接产业转移过程中要实现生态价值，西部地区政府应树立生态建设目标和低碳发展目标，积极寻求与自身生态目标具有高度耦合度的产业对接。同时，转出地政府也要表达生态诉求，实现转出产业

① 卢志强，王革，陈立新. 2012. 组织目标形成的影响因素. 经营与管理,(9): 109-112.

的清洁发展、低碳排放。产业转移的双方政府只有实现了目标耦合，才有利于性质各异的文化融合，使产业转移共同体发展为生态共同体和文化共同体。

3. 两地文化融合的实现

1）基础：双方合作观念的低碳化

要实现产业转移过程中政府间文化的融合，一致的价值观和发展观是其必要条件，而受传统观念的影响，组织间竞争意识强于合作理念，习惯于"单打独斗"式的发展模式。因此，西部地区在承接产业转移过程中，为了避免产业转移出现转移不彻底和信息传递不顺畅的问题，两地政府首先要树立起合作的理念，并投入相应的低碳型关系专用性资产（relationship specific assets），如低碳技术、环保设备、低碳专利和低碳专业人才等，来共同发展低碳经济。同时，自"低碳经济"概念提出后，已经引起全社会的广泛关注，低碳经济的发展有助于应对全球气候变化危机，低碳经济理念有利于产业转移生态价值的实现。因此，两地政府应该以生态工业园区为载体，以转移企业为单位，通过低碳理念的融入和先进观念的嵌入，共同培养低碳文化、生态文化，为实现生态价值奠定基础。

2）关键：双方沟通媒介的多样化

西部地区在产业转移的过程中实现生态价值，需要发挥两地政府的优势，而双方信息的畅通化是生态价值实现的关键。一方面，出台促成政府间沟通的政策文件，搭建政府间沟通的平台，定期举办西部大开发、东中西部产业转移相关的政府经济座谈会、洽谈会、交流会和发布会，便于承接地和转出地政府可以直接进行交流，从而提高沟通的效率。例如，重庆市定期举办的中国国际智能产业博览会，以及中国西部国际投资贸易洽谈会等大型展览会、洽谈会为国内外政府间、企业间的信息沟通、相互理解搭建了良好平台。另一方面，西部地区政府应该抓住西部大开发战略、"一带一路"倡议、长江经济带建设、内陆自贸区建设的宝贵机遇，抱团取暖，整合产业资源，积极"走出去"寻求适合的经济合作机会。同时，两地政府应成立专门的产业合作和协商机构，负责处理产业转移过程中的信息沟通、协商谈判和问题处理，以有效推进双方合作的进程。

9.3.3 基于非契约机制的政府间行为动态模型

随着西部地区承接产业转移的推进，两地政府间的行为表现为一种动态行为模式。依据两地政府间信任机制、共同愿景、文化融合这三种非契约机制要素的契合度、非契约机制由低到高的程度，将两地政府间的动态行为划分为"相遇—

相识—相知"三个阶段（图9-7），针对每阶段提出不同的政府行为方式。

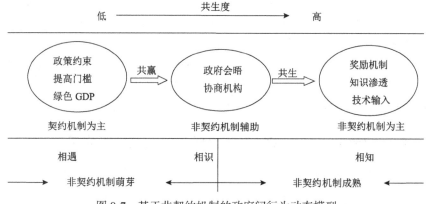

图 9-7 基于非契约机制的政府间行为动态模型

在产业转移的相遇阶段，即接触阶段，两地政府间的关系主要靠传统的契约机制来维持，双方的非契约机制要素的契合度几乎为零，仅具有依靠双方契约建立起初步的浅层次信任，共同愿景和文化融合尚未形成。因此，这一阶段的主要任务就是建立起政府间的信任机制，建立两地政府的"共栖"格局，主要途径就是依靠契约方式制定产业转移的相关政策和法规。两地政府了解对方的主要途径是通过其制定的法规、政策和规划，因此只有遵守对方的相关规定，才有利于政府间信任机制的建立。在该阶段，西部地区实现产业转移生态价值的途径包括：第一，转出地政府制定相关的产业转移政策，对拟转出产业的排放、能耗等指标做出明确的规定；第二，承接地政府通过制定政策法规，设置转入门槛，提高转入条件，防止污染型产业进入；第三，承接地政府改进传统的企业考核体系，加强对绿色产值、低碳产品、节能环保的考核，同时可开通绿色通道，对具有环保理念和先进工艺的企业给予支持与奖励。

在产业转移的相识阶段，经过一段时间的接洽和了解，两地政府间非契约机制要素的契合度得到明显提高。这一阶段，政府间信任机制初步建立，共同愿景处于萌芽阶段，文化融合度有所提升，双方以契约机制与非契约机制相结合的方式推进关系的发展。该阶段的主要任务是在巩固政府间信任机制的同时，形成双方的共同愿景，提高文化融合度，建立"共赢"格局。首先，通过构建政府间磋商和会晤机制，确定生态发展的共同愿景，明确转入产业的低碳发展方向；其次，通过对彼此价值观和发展观的深入了解，为生态、低碳式的文化融合奠定思想基础。

在产业转移的相知阶段，在非契约机制的作用下，两地政府间非契约机制要素的契合度已经达到较高水平，双方的信任机制、共同愿景和文化融合已基本形成。该阶段的主要任务是巩固信任机制、升华共同愿景、提升文化融合，形成两地政府间的"共生"局面。为了更好实现承接产业转移过程中的生态价值，西部地区政府需完善奖励机制，加强对低碳创新企业的投入，设立绿色、低碳专项奖励基金和发展基金，鼓励民间环保资金注入，奖励具有生态保护理念的转移产业。同时，该阶段是合作关系发展的高级阶段，应加强转入产业对本地产业的技术指导和产业升级，互信机制的介入，使本地产业与转入产业增进知识渗透和共享，加强本地产业对转入产业知识和技能的吸收、消化与利用，从而推进西部地区产业合作创新体系和现代产业体系的建立与发展。

9.3.4 西部地区承接产业转移生态价值实现的政府行为优化

1. 信任机制构建角度

1）实行政府信息公开

政府的信息公开程度与受信任程度呈正相关，主要通过影响社会公众对政府机构的能力、素质、品质等方面的感知，来提高政府信任度。[①]首先，在承接产业转移的过程中，西部地区政府应拓宽信息公开渠道，增加承接信息透明度。例如，建立专门的产业转移信息网站，定期发布当前及后期的承接信息；承接大型产业后及时召开新闻发布会，向社会公布承接后的环境规划及生态承诺；让公众、环保组织等参与到承接决策的制定、承接类型的选择、转入产业的监督等各个环节中来，不仅要让他们成为知情者，还要让他们成为参与者；还可以在政府网站增加产业转移板块、开通政府微博等途径。其次，增加期望承接产业类型的透明度，反映本地的产业优势及不足。这不仅会增加西部地区政府承接信息的透明度，明确自身的承接需求，更为转出地政府制定产业转移政策、确定产业转出类型、调整转移方向等提供了导向，也增加了两地政府产业对接的成功概率，还能提升西部政府的信任度。

2）加强政府信用建设

政府信用是合作的基础，如果信用度低则难以实现政府间的合作[②]，因此在承接产业转移过程中，西部地区政府遵守承诺有利于政府间信任机制的构建。政府应加强自身信用建设，提升承接信任度。首先，要真正做到信守承诺。西部地区政府应加强诚信建设和信用考核，确保按期履约。其次，建立企业信用的评价制度和评价体系，加强政府对企业的信用监督，对优秀企业加以表彰，如重庆两江新区就设立了"重合同守信用企业"的荣誉称号，对诚信企业加以表彰，同时对失信企业进行批评和惩罚，促使企业加强信用建设。实际上，政府对企业的信用

① 芮国强, 宋典. 2012. 信息公开影响政府信任的实证研究. 中国行政管理, (11): 96-101.
② 高建华. 2010. 论区域公共管理政府合作整体性治理的政府信任机制构建. 商业时代, (31): 119-120.

监督也有助于自身信用度的提升。

2. 共同愿景形成角度

1) 形成生态化的价值取向

西部地区政府只有坚持生态化的价值取向，才会在产业转移的浪潮中担负起生态文明建设的责任和使命。在承接产业过程中，当经济利益与生态文明产生严重冲突时，西部地区政府要严格践行绿色发展理念，保障生态文明的优先性，不能走先污染后治理、边治理边污染的老路。生态化的价值取向一旦形成，其惯性作用就会产生强大的影响力和带动力，而转出地政府自然能够尊重和按照西部地区政府的生态要求，转出具有生态保护价值的企业。

2) 加强政府间的协同能力

政府间共同愿景的形成并非一蹴而就的，而是需要经历一个不断碰撞、协调和发展的过程，结果是有可能形成共同愿景，有可能止步于起始阶段，也有可能中途夭折。在承接产业转移的过程中，要形成两地政府间生态化发展的共同愿景，需要西部地区政府加强与转出地政府的协同能力建设。在承接产业转移前期，进行政府间共同愿景的协商与诊断，达成双方的生态化发展意愿后进行承接；在承接产业入驻西部地区发展的过程中，如果发现其违背生态化发展要求时，及时与转出地政府进行协商，要求其遵守保护生态环境的承诺，并共同做出应对措施加以引导和转化，促使转入产业向低碳发展转型。

3. 文化融合实现角度

1) 将低碳文化融入管理体制中

产业转移中要实现两地政府合作观念的低碳化，西部地区政府要弘扬低碳文化，将其融入日常的管理体系中，一方面有助于产生制度的约束力，另一方面有助于引导低碳经济理念的形成。首先，优化低碳政策环境。对出台的地方承接产业转移政策进行优化，修改、补充不符合低碳发展要求的政策，对达到低碳发展的转入产业实行奖励制度。其次，实施政府低碳发展能力的考核机制。建立监督反馈机制，通过企业回访、媒体报道等渠道，对政府低碳政策、环境保护的实施情况进行考核，评选"低碳型政府"的荣誉称号，对低碳政策未落到实处的政府部门进行责任追究。

2) 创新政府沟通模式

优化政府间承接产业转移的沟通渠道，官方渠道与非官方渠道双管齐下，建立以官方沟通渠道为主、非官方渠道为辅的沟通模式。首先，畅通政府间的官方沟通渠道，如政府会谈、实地考察、新闻发布等官方沟通形式，及时发布和通报产业转移中践行低碳发展理念的政府部门与企业。其次，发挥非官方沟通模式的辅助作用，通过网络、中间媒介、中介组织等加强沟通和宣传，同时在承接产业转移中注重回应社会大众的公共需求和环境诉求，加强政府与社会的相互理解与支持。

综上所述，在产业转出地与承接地政府的合作中，应重视发挥非契约机制的调节、疏导和融合作用，西部地区政府应重点从信任机制、共同愿景、政府沟通等方面，加强与转出地政府的对接和协同，优化政府间合作行为，共同促进西部地区承接产业转移生态价值的实现。

第10章
结　语

10.1　主要结论

本书以低碳经济理论、产业转移理论等为基础，以产业转移为研究对象，系统地对西部地区承接产业转移前期的实现条件、中期的战略模式与战略路径，以及后期的绩效评价与生态价值实现内容进行了研究。本书的主要指导思想为：西部地区承接产业转移是一个前后有机衔接的可持续发展系统，既要注意承接产业转移系统的静态结构，明确其构成要素，又要重视系统要素之间共同作用而推进系统前进的动态过程，总结其演进规律。因此，在静态与动态分析方法相结合的过程中，展开了对在低碳经济视域下西部地区承接产业转移的深入研究。本书的主要结论有如下几个方面。

（1）西部地区因其具有生态脆弱性特征，以及存在"高代价转移""边转移边污染"的客观实际，承接产业转移需要基于低碳经济的视角。因此，以低碳经济为视域，将低碳经济思想、理念、标准和要求贯穿于本书写作的全过程，包括系统实现条件、战略模式、战略路径、绩效评价、政策制定及生态价值实现等，构建了系统性战略路径，实现发展与生态的协同。

（2）产业园区是承接转移的载体，实现其生态化、低碳化演进，是承接产业转移的重中之重。因此，在低碳经济视域下，以生态工业园区为承载，构建了"识别—建立—融合—评估—反馈"的西部地区承接产业转移的"3P2C"战略路径，特别强调"园区生态化、产业低碳化、产业与园区协同度"三个层面的反馈，并将园区生态化放在反馈环节的首位加以重点关注，这是产业低碳化和产园协同化的基础。

（3）西部地区承接产业转移既是一个经济系统、社会系统，又是一个生态系统，因此必须以系统观、协同观指导西部地区的产业转移承接实践。既要考虑到系统内部各阶段、各环节之间的有效协同，又要考虑承接地与转出地的政府、产业间的协同，还要考虑实现西部区域内经济发展与低碳发展的协同，由此实现承接系统的"多赢"格局，从而提升区域综合竞争力和生态发展竞争力。

（4）应该根据不同区域、产业和企业的特点，采取不同战略模式承接产业转移。面向区域、产业和企业不同的对象，构建适合西部地区实际的承接产业转移战略模式与制度安排。例如，分别基于区域—产业层次、政府—产业层次、产业间层次构建了"同心圆"模式、"I-P-P"模式、耦合模式，因此能贴近西部地区发展的实际和产业转移的实践，具有现实针对性。

（5）在承接产业转移的过程中，必须高度重视生态价值的实现。生态价值的实现是西部地区承接产业转移的前提，绝不能以牺牲生态价值来获取经济利益。生态价值由关系价值、行为价值、协同价值、服务价值与公共价值构成，其中公共价值未能引起足够重视，很容易被公众忽略。公共价值是通过人们对自身行为的反思，而树立起来的生态观念和采取的低碳生活方式，它既为承接产业转移创造了良好的社会条件，又能有效监督和遏制其中破坏生态环境的不良现象与行为。

（6）重视承接产业转移中的关系因素。在承接主体间的合作过程中，当某些刚性条件难以发挥作用时，关系因素能够起到很好的调节、缓冲作用，甚至在某些情况下比正式契约和规制的作用更明显，尤其是两地政府和产业间产生观点与利益分歧时，利用良好关系所发展起来的信任、承诺、情感等能有效促进问题解决和合作维系。因此，在承接产业转移主客体之间的关系价值、基于关系发展构建承接产业转移战略路径、产业转移双方政府间非契约机制构建等方面，都运用了关系论的思想。因此，它是推进承接产业进程的"润滑剂"和"调节器"，应引起相关政府部门和产业组织的重视。

10.2 管理启示

西部地区承接产业转移的实践，对于改善产业结构、增强产业整体竞争力具有重要意义，对于"一带一路"倡议下与其他沿线国家的产业合作也具有显著推进作用。西部地区承接产业转移要实现健康有序发展，就必须转变传统发展观念，进行有效的制度创新，选择政府推动、市场拉动、科技创新与环境保护协同发展的新型路径。为此，本书提出以下管理启示。

1）编制承接规划

第一，结合西部地区产业发展的优势特色，编制承接产业目录，引导并规范产业承接。第二，制定能源、技术、产业、产品等层面的一系列低碳政策，为转入产业提供低碳发展保障和制度约束。第三，探索适合西部地区承接产业转移发展的道路，研究具体的计划、实施等步骤，对政府、企业、社会组织及公众提出详细而具体的要求，引导其更好地参与承接产业转移活动。第四，加强各地区、各部门之间的合作，提高承接效率，按区域特点和发展需求，明确其在承接系统的角色和分工，按照差异化布局的要求，承接自身有特色有优势的产业。

2）完善承接政策

西部地区政府在建立相关战略与机制的同时，还应注重产业转移发展过程中的制度创新，进行绿色金融、风险投资、企业债券、社会融资、区域限批、生态补偿等多项制度的创新与组合运用，既要注重支持帮扶，又要注重风险防控，避免在承接产业转移中造成重大风险转移和重大污染源转移。加强承接产业转移相关法律法规的宣传与推广，坚定工业园区、企业及公众坚持低碳发展与产业转移的信心，为承接产业转移制定和创造稳定的政策与市场环境。在承接产业转移过程中，西部地区的政策重心要放在持续调整完善产业结构、推进产业链一体化发展和垂直整合等方面，由此推动承接产业转移与制度创新的良性互动。

3）建立承接机制

首先，建立利益协调机制。健全利益协调机制，妥善解决好利益纠纷问题，保障产业转移在公平、公正及公开的环境下进行，包括利益共享机制，促进公共资源的合理利用、共同分享；利益补偿机制，加强产业之间、企业之间的合作，合理分担运行成本；利益争端解决机制，化解诸多主体之间的矛盾纠纷和冲突。

其次，建立考核激励机制。第一，强化政府职能部门在承接产业转移工作上的责任考核制度，强化责任追究制的落实，对重视不够、效果不好的单位与部门进行问责。第二，完善产业转入保障体系，包括优惠政策、基础条件、产业配套、产城融合等措施落实到位，保障产业在转入后能顺利发展，同时要建立健全网上监控系统，对转入产业进行动态评估与全面的监测，对其污染环境、违背市场规则、破坏产业生态的行为进行教育和处罚。第三，加大激励力度，鼓励引入产业与本地产业开展技术对接，鼓励低碳、清洁、循环技术的发展，实现产业低碳式转移。

最后，建立沟通交流机制。第一，需要建立专门沟通机构和交流渠道，双方政府、行业组织和产业在承接产业转移的全过程要保持良好的沟通，促进相互理解与信任。第二，采用合作纪要、备忘录、简报、专报等方式，记录沟通过程中的关键环节，使相关决策、结论等得以准确实施。第三，互派调研小组、项目工作组、协调专员等解决承接合作中的关键问题。通过这样一些沟通机制，促进承接系统的良性运转。

4）制定科学程序

西部地区应积极建立相关产业转移示范区，加强重庆沿江、广西桂东、甘肃兰白、宁夏银川等已有承接产业转移示范区的规划、建设与管理，提升示范区的承接水平。比如,重庆市就需要落实好承接产业转移相关规划的目标与任务,严格转入产业批复程序。第一,努力将低碳发展理念与产业转移相结合,推动示范区积极主动地承接国内外产业转移,不断优化升级产业结构。第二,制定进驻企业的审批标准,根据低碳、生态、先进的要求,调整企业准入政策。第三,结合国家和西部地区的产业结构调整与区域振兴规划,及时修订《产业结构调整指导目录》等准入产业政策。[①]第四,严格控制高污染、高耗能等产业的进入,引导发达地区环保产业、先进制造业、战略性新兴产业与现代服务业等产业领域进入西部地区,并且依据环境承载力的要求,做到科学、合理、有节制地承接产业转移。第五,在转入产业生产、经营过程中,应完善政府相关管理部门的管理职能,提升管理能力、服务能力和监督能力,根据引进标准进行定期考核和对照检查,对于不合格企业应及时进行整改和调整,引导其按照预期目标和低碳方向发展。

5）强化载体建设

西部地区需加强特色、生态工业园区的建设,增强承接能力,打造具有承接能力、帮扶产业落地发展的工业园区,不断促进产业集聚发展。首先,工业园区是承接产业转移、支撑转入产业发展的重要载体,因此需制订科学发展规划,优化园区布局,增进配套产业、服务部门、产业部门之间的相互配合。其次,工业园区内各企业都应将清洁生产与实际生产紧密结合,严格按照国家和西部地区对于清洁生产的有关标准执行,从生产设计、原材料、管理、生产、宣传、销售等各方面都要推进清洁生产,使清洁生产逐步常态化。最后,加强园区内生态环境保护,提升废弃物循环再利用水平,降低能源资源消耗,使传统工业园区向生态工业园区转向和发展,建成低碳循环的工业园区,成为环境优美、生产集约、生活低碳的生态型产城融合发展区,以此推动绿色、低碳产业集聚。

6）培育低碳文化

西部地区政府部门、工业园区、企业、社会组织在参与承接产业转移的过程中,都应积极地营造低碳式发展的氛围,形成低碳式的工业园区文化,从而不断增强低碳发展的理念和意识,使低碳经济视域下产业转移的实践深入人心。同时,建立低碳经济观念的培养机制,加大对于低碳式发展、低碳式生活的宣传力度,树立全民低碳理念,形成低碳生活方式。只有将低碳经济理念运用到生产、生活和管理的各个方面,才能实现承接产业转移的经济效应、社会效益和生态效应相统一,也才能更好地推动低碳经济视域下承接产业转移工作的健康稳步发展。

在本书研究基础上,未来可以从以下方面展开进一步的研究。

首先,重视低碳能力建设。低碳能力建设事关西部地区承接产业转移的质量

---

① 羊绍武, 黄金辉. 2010. 低碳经济约束下中国承接国际产业转移的现实路径. 西南民族大学学报, (7): 200-203.

和生态要求，在西部地区的低碳承接能力建设、分类和测量上，在参与主体能力如何体现、培育与发展上，还可以进一步展开探索。

其次，制定具体承接标准。在低碳经济视域下，西部地区承接产业转移的具体标准需要继续思考，这样的标准不能是僵化、固化和静止的，而应是因时而异、因地制宜地进行分解和组合起来加以运用的，能够衡量承接产业转移各个环节的实际情况与预期目标的差距，体现出灵活性与针对性的特点，从而为不同地区、不同产业的承接标准进行模块化的组合和应用。

再次，生态价值实证。本书提出了生态价值的构成要素，构建了总体框架，并对生态价值实现机理进行了动态建构。在此基础上，在今后研究中应对生态价值进行建模，依据生态价值实现中的重点问题提出假设，运用大数据对生态价值的实现机理进行深入探索。

最后，构建模式运行方式。在低碳经济视域下，构建了西部地区承接产业转移的三种战略模式，即"同心圆"模式、"I-P-P"模式和耦合模式，今后应进一步对这些模式的运行机理、运行方式开展研究。

参考文献

曹荣庆. 2001. 浅谈区域产业转移和结构优化的模式. 中州学刊, (6): 111-113.

曹蔚玮, 吴文具. 2003. 提高组织凝聚力的重要工作——塑造共同愿景. 企业经济, (3): 92-93.

曹颖轶, 刘宏霞. 2012. 西部欠发达地区承接产业转移问题研究. 北京: 中国社会科学出版社.

陈刚, 陈红儿. 2001. 区际产业转移理论探微. 贵州社会科学, (4): 2-6.

陈建军. 2002. 中国现阶段产业区域转移及其动力机制. 中国工业经济, (8): 37-44.

陈力勇. 2009. 自主工业化: 西部承接产业转移的路径选择. 理论导刊, (5): 52-53.

陈庆云. 2006. 公共政策分析. 北京: 北京大学出版社.

陈晓涛. 2006. 产业转移的演进分析. 统计与决策, (4): 87-88.

陈映. 2014. 西部重点开发开放区承接产业转移的产业布局政策探析. 西南民族大学学报(人文社科版), (6): 113-116.

陈游. 2009. 碳金融: 我国商业银行的机遇与挑战. 财经科学, (11): 8-15.

陈振明, 薛澜. 2007. 中国公共管理理论研究的重点领域和主题. 中国社会科学, (3): 140-152, 206.

陈振明. 1998. 政策科学: 公共政策分析导论. 2 版. 北京: 中国人民大学出版社.

成艾华, 魏后凯. 2013. 促进区域产业有序转移与协调发展的碳减排目标设计. 中国人口·资源与环境, (1): 55-62.

成祖松, 李郁. 2016. 回归式城乡产业转移研究. 现代经济探讨, (7): 66-70.

程宝良, 高丽. 2006. 论生态价值的实质. 生态经济, (4): 32-34, 43.

程李梅, 庄晋财, 李楚, 等. 2013. 产业链空间演化与西部承接产业转移的"陷阱"突破. 中国工业经济, (8): 135-147.

程少川. 2016. 再思管理学学科性质与使命——管理学价值分析方法论探索之导引. 西安交通大学学报(社会科学版), (2): 32-39.

戴佩华. 2011. 基于关系嵌入的东部产业转移区域选择研究. 经济问题, (1): 65-68.

戴钰, 刘亦文. 2009. 基于 IPAT 模型的长株潭城市群经济增长与能源消耗的实证研究. 经济数学, (2): 65-71.

邓丽. 2012. 基于生态文明视角的承接产业转移模式探索. 吉林大学社会科学学报, (5): 106-111.

方兰, 王浩, 穆兰, 等. 2015. 西部地区水资源评价与分析报告//姚慧琴, 徐璋勇, 安树伟, 等. 西部蓝皮书: 中国西部发展报告(2015). 北京: 社会科学文献出版社.

方兰, 王浩, 王超亚, 等. 2015. 西部地区生态环境评价与分析报告//姚慧琴, 徐璋勇, 安树伟, 等. 西部蓝皮书: 中国西部发展报告(2015). 北京: 社会科学文献出版社.

方时姣. 2009-05-19. 也谈发展低碳经济. 光明日报, (10).

风笑天. 2009. 社会学研究方法. 3 版. 北京: 中国人民大学出版社.

冯之浚, 金涌, 牛文元, 等. 2009. 关于推行低碳经济促进科学发展的若干思考. 政策瞭望, (8): 39-41.

符正平, 曾素英. 2008. 集群产业转移中的转移模式与行动特征——基于企业社会网络视角的分析. 管理世界, (12): 83-92.

付允, 马永欢, 刘怡君, 等. 2008. 低碳经济的发展模式研究. 中国人口·资源与环境, 18(3): 14-19.

付允, 汪云林, 李丁. 2008. 低碳城市的发展路径研究. 科学对社会的影响, (2): 5-10.

傅强, 魏琪. 2013. 全球价值链视角下新一轮国际产业转移的动因、特征与启示. 经济问题探索, (10): 138-143.

傅新平. 1999. 论物流的概念、功能与发展趋势. 武汉交通科技大学学报, (1): 43-46.

甘肃省统计局, 国家统计局甘肃省调查总队. 2019-03-19. 2018 年甘肃省国民经济和社会发展统计公报.

高建华. 2010. 论区域公共管理政府合作整体性治理的政府信任机制构建. 商业时代, (31): 119-120.

高亮, 李文豪. 118 家 500 强云集两江新区 成内陆经济增长"内核". http://news.eastady.com/society/2013-05-16/241426.html[2016-09-23].

耿诺. 北京绿色经济指数全国第 6 深圳三亚海口为前三. http://www.bj.people.com.cn/n/2014/1222/c82839-23297654.html[2017-05-06].

龚向前. 2006-06-01. 能源法的变革与低碳经济时代. 中国石油报, (03).

郭凡生. 1984. 评国内技术的梯度推移规律——与何钟秀、夏禹龙老师商榷. 科学学与科学技术管理, (12): 19-22.

郭克莎. 2003. 工业化新时期新兴主导产业的选择. 中国工业经济, (2): 5-14.

郭玲. 2017-07-18. 新疆去年超额完成节能目标. 乌鲁木齐晚报, (A06).

郭新明. 2011. 关于西北五省区承接产业转移的调研报告. 西部金融, (2): 7-17.

郭元晞, 常晓鸣. 2010. 产业转移类型与中西部地区产业承接方式转变. 社会科学研究, (4): 33-37.

国家发展和改革委员会. 2010-07-19. 关于开展低碳省区和低碳城市试点工作的通知(发改气候〔2010〕1587 号).

国家发展和改革委员会. 2017-01-11. 国家发展改革委关于印发西部大开发"十三五"规划的通知(发改西部〔2017〕89 号).

国家统计局, 国家发展和改革委员会, 国家能源局. 2017-07-20. 2016 年分省(区、市)万元地区生产总值能耗降低率等指标公报.

国家统计局, 国家环保部. 2016. 中国环境统计年鉴. 北京: 中国统计出版社.

国家统计局. 中国统计年鉴. 2016. 北京: 中国统计出版社.

国务院. 2010-10-10. 国务院关于加快培育和发展战略新兴产业的决定(国发〔2010〕32 号).

国务院. 2010-08-31. 国务院关于中西部地区承接产业转移的指导意见(国发〔2010〕28 号).

国务院办公厅. 2015-06-21. 国务院办公厅关于支持农民工等人员返乡创业的意见(国办发〔2015〕47 号).

国务院新闻办公室. 2011-11-23. 中国应对气候变化的政策与行动(2011). 人民日报, (015).

韩文民, 王婷, 叶涛锋. 2005. 敏捷生产方式的实施与出口加工区的发展. 经济管理, (24): 32-35.

何钟秀. 1982. 论国内技术的梯度转递. 科研管理, (1): 16-19.

贺曲夫, 刘友金. 2012. 我国东中西部地区间产业转移的特征与趋势——基于 2000—2010 年统计数据的实证分析. 经济地理, (12): 85-90.

侯钧生. 1995. 价值立场与社会学知识的客观性. 社会学研究, (6): 7-12.

胡安水. 2006. 生态价值的含义及其分类. 东岳论丛, (2): 171-174.

胡俊文. 2004. 国际产业转移的基本规律及变化趋势. 国际贸易问题, (5): 56-60.

胡敏中. 2008. 论公共价值. 北京师范大学学报(社会科学版), (1): 99-104.

胡伟, 张玉杰. 2015. 中西部承接产业转移的成效——基于地理信息系统的空间分析方法. 当代财经, (2): 97-105.

胡晓蓉. 2017-06-19. 我省超额完成 2016 年度节能目标. 云南日报, (01).

黄畅, 张鑫. 2009. 广西地区承接东部产业转移的承接力建设研究. 产业与科技论坛, (9): 133-135.

黄超吾. 2002. 绩效评估与发展. 中国企业家, (4): 92-93.

黄光红. 2015-06-20. 重庆机器人产业欲破关键核心技术瓶颈. 重庆日报, (03).

黄涛. 2013. 环境承载力与承接国际产业转移的能力分析——以湖北省为例. 区域经济评论, (3): 35-40.

黄欣, 占绍文. 2012. 文化产业绩效评估指标体系的构建. 统计与决策, (19): 41-43.

贾文彬, 乌云其其格. 2010. 西部地区承接产业转移的动因分析. 经济研究导刊, (23): 62-63, 73.

姜运仓. 2011. "雁形模式"与中国区域经济发展. 决策参考, (4): 277-279.

金永红, 吴江涛. 2008. 生态工业园区建设的理论基础与现实发展研究. 科技管理研究, (1): 116-118.

金涌, 王垚, 胡山鹰, 等. 2008. 低碳经济理念: 实践·创新. 中国工程科学, 10(9): 4-13.

金卓, 王晶, 孔卫英. 2011. 生态价值研究综述. 理论月刊, (9): 68-71.

靳志勇. 2003. 英国实行低碳经济能源政策. 全球科技经济瞭望, (10): 23-27.

李国平, 杨开忠. 2000. 外商对华直接投资的产业与空间转移特征及其机制研究. 地理科学, (2): 102-109.

李娟, 吴南, 李祥. 2011. 产业转移文献综述. 经济研究导刊, (27): 187-188.

李俊江, 李一鸣. 2016. 我国承接国际产业转移的新趋势及对策. 经济纵横, (11): 82-86.

李立辉. 2005. 区域产业集群与工业化反梯度推移. 北京: 经济科学出版社.

李美娟. 2013. 云南承接东部产业转移的条件和能力研究. 资源开发与市场, (1): 68-71, 84.

李睿. 2011. 国际产业转移的趋势、优化效应及我国对策. 特区经济, (10): 81-84.

李松志, 杨杰. 2008. 国内产业转移研究综述. 商业研究, (2): 22-26.

李文虎. 2004. 英国的绿色能源战略. 世界环境, (1): 51-52.

李娅. 2010. 国际产业链分工模式的延伸——我国东西部产业转移模式探讨. 云南财经大学学报, (5): 140-146.

李源. 2002. 从劳动价值、虚拟价值到自然力价值——关于资源环境和生态价值含义的理性讨论. 天津社会科学, (4): 92-95.

廖红强, 邱勇, 杨侠, 等. 2012. 对应用层次分析法确定权重系数的探讨. 机械工程师, (6): 22-25.

刘红光, 王云平, 季璐. 2014. 中国区域间产业转移特征、机理与模式研究. 经济地理, (1): 102-107.

刘辉煌, 杨胜刚, 张亚斌, 等. 1999. 国际产业转移的新趋向与中国产业结构的调整. 求索, (1): 4-9.

刘坚. 2010. 基于生态文明背景的工业园区发展研究——以重庆为例. 重庆大学硕士学位论文.

刘静, 杨利峰. 2004. 浅析我国西部地区产业结构现状及产业发展的角色定位. 兰州学刊, (5): 121-123.

刘世明. 2017-02-18. 地方两会看能源: 江浙沪能耗强度降幅均超 3%. 中国电力报, (01).

刘文辉, 李小红. 2012. 我国区际产业转移研究综述. 科技广场, (2): 221-225.

刘贤. 苏伊士 "结姻" 渝企 布局中国区首个能源服务点. http://www.chinanews.com/ny/2013/04-25/4765471.shtml[2017-06-08].

刘新庚, 肖继军. 2013. 当代西方经济思想的生态价值考量. 求索, (11): 93-95.

刘莹昕, 刘飒, 王威尧. 2010. 层次分析法的权重计算及其应用. 沈阳大学学报(自然科学版), (5): 372-375.

刘勇, 周金堂. 2015-01-08. 推进区域一体化发展的主要路径. 光明日报, (15).

刘友金, 胡黎明, 赵瑞霞. 2011. 基于产品内分工的国际产业转移新趋势研究动态. 经济学动态, (3): 101-105.

刘友金, 罗发友. 2005. 基于焦点企业成长的集群演进机理研究: 以长沙工程机械集群为例. 管理世界, (10): 159-161.

刘友金, 袁祖凤, 周静, 等. 2012. 共生理论视角下产业集群式转移演进过程机理研究. 中国软科学, (8): 119-129.

龙游宇. 2002. 从 "点轴开发理论" 看西部大开发. 韶关学院学报(社会科学版), (4): 76-78.

卢彪. 2013. 生态学视域中的生态价值及其实践思考. 社会科学家, (9): 20-23.

卢根鑫. 1997. 国际产业转移论. 上海: 上海人民出版社.

卢根鑫. 1994. 试论国际产业转移的经济动因及其效应. 上海社会科学院学术季刊, (4): 33-42.

卢志强, 王革, 陈立新. 2012. 组织目标形成的影响因素. 经营与管理, (9): 109-112.

罗若愚. 2012. 西部地区承接产业转移中政府合作治理模式及路径选择. 探索, (5): 69-74.

马继民. 2012. 甘肃承接产业转移的路径研究——基于加快转变经济发展方式背景下的思考. 甘肃社会科学, (5): 92-94.

马子红. 2006. 基于成本视角的区际产业转移动因分析. 财贸经济, (8): 46-50, 97.

马子红. 2008. 区际产业转移: 理论述评. 经济问题探索, (5): 23-27.

毛广熊. 2011. 产业集群化转移: 世界性规律与中国的趋势. 世界地理研究, (2): 97-106.

蒙丹. 2007. 以集群转移的模式促进东部劳动密集型产业的转移. 商场现代化, (18): 258-259.

内蒙古自治区统计局. 2019-02-28. 2018 年内蒙古自治区国民经济和社会发展统计公报.

宁骚. 2003. 公共政策学. 北京: 高等教育出版社.

牛青山. 2011. 我国承接国际产业转移的现状与对策. 山西大学学报(哲学社会科学版), (4): 135-139.

潘家华, 庄贵阳, 郑艳, 等. 2010. 低碳经济的概念辨识及核心要素分析. 国际经济评论, (4): 88-101, 5.

潘家华. 2011. 经济要低碳, 低碳须经济. 华中科技大学学报, (1): 76-82.

潘理权. 2008. 产业梯度转移中的政府作用分析. 合作经济与科技, (7): 116-117.

浦军, 刘娟. 2009. 综合评价体系指标的初选方法研究. 统计与决策, (22): 20-21.

钱俊生, 彭定友. 2002. 生态价值观的哲学意蕴. 自然辩证法研究, (10): 13-15, 29.

青海省统计局, 青海省统计学会. 2017. 2016 年青海全省单位 GDP 能耗下降 7.93%. 青海统计, (2): 44.

丘兆逸. 2006. 实施产业集群转移模式 实现西部经济腾飞. 探索, (1): 146-149.

邱均平, 文庭孝等. 2010. 评价学: 理论·方法·实践. 北京: 科学出版社.

邱婷. 2011. 污染密集产业转移承接地经济与环境协调的途径研究. 改革与战略, (11): 129-132.

任浩, 甄杰. 2009. 创新型中小企业间研发合作的非契约机制研究. 科学学与科学技术管理, (12): 128-133.

芮国强, 宋典. 2012. 信息公开影响政府信任的实证研究. 中国行政管理, (11): 96-101.

商务部外国投资管理司. 2016-12-01. 中国外商投资报告.

上海市统计局, 国家统计局上海调查总队. 2019-03-01. 2018 年上海市国民经济和社会发展统计公报.

石碧华. 2011. 我国西部地区承接东部产业转移问题研究. 中国经贸导刊, (7): 21-25.

石奇, 张继良. 2007. 区际产业转移与欠发达地区工业化的协调性. 产业经济研究, (1): 38-44.

石奇. 2004. 集成经济原理与产业转移. 中国工业经济, (10): 5-12.

苏华, 夏蒙蒙. 2014. 产业转移动因及分析框架研究综述. 合作经济与科技, (13): 21-23.

孙久文, 胡安俊, 陈林. 2012. 中西部承接产业转移的现状、问题与策略. 甘肃社会科学, (3): 175-178.

孙淑英, 王秀村, 刘菊蓉. 2006. 我国企业营销绩效评价指标体系构建的实证研究. 中国软科学, (1): 132-137.

孙咏梅. 2006. 从趋利性看资本效率与社会公平的矛盾. 当代经济研究, (1): 46-49.

孙咏梅. 2007. 资本效率理论与产业增长. 北京: 经济科学出版社.

孙早, 席建成. 2013. 产业互补、协调失灵与企业的关联创新. 当代经济科学, (2): 43-51, 125-126.

孙志. 2017. 生态价值的实现路径与机制构建. 中国科学院院刊, (1): 78-84.

唐靖凤, 汪广周, 胡马成, 等. 2014. 原真性保护下的文化遗址公园活化模式构建. 产业与科技论坛, (8): 117-119.

唐兴霖, 马亭亭. 2015. 地方公共服务改革: 公共价值的治理途径. 学术研究, (7): 32-39, 159.

陶爱萍, 张丹丹. 2012. 中西部承接产业转移与生态环境协调发展——基于 PSIR 的分析与协调机制. 福建江夏学院学报, (4): 18-23.

童敏. 2000. 社会学研究的价值立场. 厦门大学学报(哲学社会科学版), (3): 103-108, 144.

汪辉勇. 2008. 公共价值含义. 广东社会科学, (5): 56-61.

汪毅霖. 2016. 经济学的价值维度及其科学哲学含义. 科学技术哲学研究, (5): 67-72.

王广旭. 2012. 区域产业转移中地方政府的承接政策研究. 广东海洋大学硕士学位论文.

王海霞. 2010. 低碳经济发展模式下新兴产业发展问题研究. 生产力研究, (3): 14-16.

王红梅. 2016. 中国环境规制政策工具的比较与选择——基于贝叶斯模型平均(BMA)方法的实证研究. 中国人口·资源与环境, (9): 132-138.

王惠娜. 2010. 自愿性环境政策工具在中国情境下能否有效?中国人口·资源与环境, (9): 89-94.

王建平. 2013. 我国承接国际产业转移的基本现状及展望. 中国流通经济, (8): 53-57.

王瑞祥. 2003. 政策评估的理论、模型与方法. 预测, (3): 6-11.

王恕立, 张云. 2011. 国内外产业转移理论研究述评. 现代商业, (2): 147-149.

王树祥, 张明玉, 郭琦. 2014. 价值网络演变与企业网络结构升级. 中国工业经济, (3): 93-106.

王先庆. 1997. 跨世纪整合: 粤港产业升级与产业转移. 商学论坛, (2): 31-36.

王学军, 张弘. 2013. 公共价值的研究路径与前沿问题. 公共管理学报, (2): 126-136, 144.

王艳红, 段雪梅. 2017. 西部地区承接国际产业转移的低碳发展机制与路径研究. 生态经济, (5): 118-121.

王永刚, 王旭, 孙长虹, 等. 2015. IPAT 及其扩展模型的应用研究进展. 应用生态学报, (3): 949-957.

王勇. 2017. 自愿性环境协议: 一种新型的环境治理方式——基于协商行政的初步展开. 甘肃政法学院学报, (3): 62-70.

王玉樑. 2008. 关于价值本质的几个问题. 学术研究, (8): 43-51.

王作军. 2015. 组织间关系: 结构、价值与治理研究. 北京: 中国农业出版社.

魏后凯. 2003. 产业转移的发展趋势及其对竞争力的影响. 福建论坛(经济社会版), (4): 11-15.

吴国萍, 张鑫. 2009. 西部承接东部产业转移的政府角色定位. 改革, (3): 77-81.

吴勤堂. 2004. 产业集群与区域经济发展耦合机理分析. 管理世界, (2): 133-134, 136.

夏宁, 夏锋. 2009. 低碳经济与绿色发展战略——对在海南率先建立全国第一个环保特区的思考. 中国软科学, (10): 13-22.

夏禹龙, 冯文浚, 刘吉, 等. 1983. 梯度理论和区域经济. 科学学与科学技术管理, (3): 5-6.

夏禹龙, 冯文浚. 1982. 梯度理论与区域经济. 研究与建议, (8): 21-24.

肖雁飞, 万子捷, 刘红光. 2014. 我国区域产业转移中"碳排放转移"及"碳泄漏"实证研究——基于 2002 年、2007 年区域间投入产出模型的分析. 财经研究, (2): 75-84.

谢高地, 张彩霞, 张昌顺, 等. 2015. 中国生态系统服务的价值. 资源科学, (9): 1740-1746.

谢丽霜. 2009. 西部地区承接东部产业转移的环境风险及防范对策. 商业研究, (1): 95-98.

刑继俊, 赵刚. 2007. 中国要大力发展低碳经济. 中国科技论坛, (10): 87-92.

熊必琳, 陈蕊, 杨善林. 2007. 基于改进梯度系数的区域产业转移特征分析. 经济理论与经济管理, (7): 45-49.

熊一坚, 倪筱楠. 2006. 企业绩效评价指标体系构建探讨. 企业研究, (12): 8-10.

徐碧琳. 2011-05-05. 组织间的非契约控制机制——企业战略网络运行效率研究新视角. 中国社会科学报, (11).

徐承红. 2010. 低碳经济与中国经济发展之路. 管理世界, (7): 171-172.

薛勇民, 王继创. 2012. 论低碳发展的生态价值意蕴. 山西大学学报(哲学社会科学版), (2): 1-3.

羊绍武. 2008. 环境与资源双重约束下中国承接国际产业转移的对策分析. 经济师, (8): 31-32.

羊绍武, 黄金辉. 2010. 低碳经济约束下中国承接国际产业转移的现实路径. 西南民族大学学报(人文社科版), (7): 200-203.

杨国才. 2012. 中西部产业转移示范区的实际功用与困境摆脱. 改革, (12): 83-89.

杨国才, 潘锦云. 2014. 中西部地区承接产业转移的政策应转向. 经济纵横, (5): 71-76.

杨红. 2007. 政府在产业转移中的生态责任与生态决策. 市场论坛, (11): 8-10.

杨景欣, 李庆波. 1998. 试论我国城乡之间的产业转移. 经济与管理, (3): 17-18.

杨玲丽. 2012. "组团式"外迁: 社会资本约束下的产业转移模式——上海外高桥(启东)产业园的案例研究. 华东经济管理, (7): 6-9.

佚名. 2016-04-30. 清洁能源大省四川跨入全国碳排放权交易行列. 成都商报, (02).

易艳. 2013. 论低碳文化的建构. 武汉理工大学学报(社会科学版), (4): 659-664.

尹磊. 2010. 西部地区承接东部产业转移的相关问题及对策研究. 改革与战略, (7): 119-121.

游雪晴, 罗晖. 2007-07-27. "低碳经济"离我们还有多远? 科技日报, (01).

余谋昌. 1987. 生态学中的价值概念. 生态学杂志, (2): 31-34, 43.

臧旭恒, 何青松. 2007. 试论产业集群租金与产业集群演进. 中国工业经济. (3): 5-13.

展宝卫, 等. 2006. 产业转移承接力建设概论. 济南: 泰山出版社.

张建斌. 2011. 西部地区承接产业转移过程中的环境规制问题研究. 内蒙古财经学院学报, (1): 92-96.

张可云. 2001. 西部大开发战略的基本取向辨析. 首都经济, (2): 23-25.

张坤民, 潘家华, 崔大鹏. 2008. 低碳经济论. 北京: 中国环境科学出版社.

张鹏飞. 2009. 中国经济发展模式的必然选择——低碳经济. 科学与管理, (5): 17-19.

赵根伟, 葛和平. 2010. 新兴古典贸易分工理论发展述评. 商场现代化, (19): 5-7.

赵娜, 何瑞, 王伟. 2005. 英国能源的未来——创建一个低碳经济体. 现代电力, (4): 90-91.

赵张耀, 汪斌. 2005. 网络型国际产业转移模式研究. 中国工业经济, (10): 12-19.

赵志伯. 2006. 广西扩大招商引资中的问题与对策研究. 学术论坛, (8): 74-79.

重庆市统计局. 2018-04-19. 2017 年重庆市国民经济和社会发展统计公报.

重庆市统计局. 2019-03-27. 2018 年重庆市国民经济和社会发展统计公报.

周敏. 2007. 把握机遇加快广西承接产业转移的思考. 市场论坛, (11): 1-4.

周阳敏, 高友才. 2011. 回归式产业转移与企业家成长: "小温州"固始当代商人崛起实证研究. 中国工业经济, (5): 139-148.

朱涛, 邹双. 2013. 中西部地区承接产业转移的现状及其模式研究. 商业经济与管理, (12): 83-91.

朱有志, 周少华, 袁男优. 2009. 发展低碳经济 应对气候变化——低碳经济及其评价指标. 中国国情国力, (12): 4-6.

庄贵阳, 潘家华, 朱守先. 2011. 低碳经济的内涵及综合评价指标体系构建. 经济学动态, (1): 132-136.

邹滨. 2013. 我国产业转移演进趋势的实证研究——以广东省为例. 商业时代, (33): 119-121.

邹篮, 王永庆. 2000. 产业转移: 东西部合作方式和政策研究. 特区理论与实践, (3): 27-31.

Alexander L. 2006. Government-business relations and catching up reforms in the CIS. The European Journal of Comparative Economics, 3(2): 263-288.

Allen H, Albert A, Eric R, et al. 1995. Environmental indicators: a systematic approach to measuring and reporting on environmental policy performance in the context of sustainable development. Washington D. C., USA: World Resources Institute.

Anderson E, Weitz B. 1989. Determinants of continuity in conventional industrial channel dyads. Marketing Sciecne, 8(4): 310-323.

Côté R P, Hall J. 1995. Industrial parks as ecosystems. Journal of Cleaner Production, 3(1-2): 41-46.

Cynthia K S. 2011. Industry relations. Journal of Vascular Surgery, 54 (3): 1S-2S.

David C. 2001. The structures of intergovernmental relations. International Social Science Journal, 53(167): 121-127.

Dietz T, Rosa E A. 1994. Rethinking the environmental impacts of population, affluence and technology. Human Ecology Review, 1(2): 277-300.

Ehrlich P, Holden J. 1971. Impact of population growth. Science, 171(3977): 1212-1217.

Golicic S L. 2007. A comparison of shipper and carrier relationship strength. International Journal of Physical Distribution and Logistics Management, 37(9): 719-739.

Howlett M. 1991. Policy instruments, policy styles, and policy implementation: national approaches to theories of instrument choice. Policy Studies Journal, 19(2): 1-21.

Izabela R. 2004. Enterprise restructuring in transition. Journal of East-West Business, 10 (2): 45-64.

Jordan A, Wurzel R K W, Zito A R. 2003. "New" instruments of environmental governance? National Experiences and Prospects. London: Frank Cass Publishers.

Juliana M, Nikos D K, Mathew T, et al. 2010. Management controls and inter-firm relationships: a review. Journal of Accounting and Organizational Change, 6(1): 149-169.

Lester R B. 2003. Plan B: rescuing a planet under stress and a civilization in trouble. New York: W. W. Norton & Company.

Lowe E, Moran S, Holmes D. 1995. A fieldbook for the development of eco-industrial parks. Report for the U.S. Environmental Protection Agency. Oakland (CA): Indigo Development International.

Mark H M. 1995. Creating public value: strategic management in government. Cambridge MA: Harvard University Press.

Morgan R M, Hunt S D. 1994. The commitment-trust theory of relationship marketing. Journal of Marketing, 58(3): 20-38.

Nick J, Tim F, Andy G. 2013. Skills constraints and the low carbon transition. Climate Policy, 13 (1): 43-57.

Peddle M T. 1993. Planned industrial and commercial developments in the United States: a review of the history, literature and empirical evidence regarding industrial parks and research Park. Economic Development Quarterly, 7(1): 107-124.

Sammarra A, Belussi F. 2006. Evolution and relocation in fashion-led Italian districts: evidence from Two Case-studies. Entrepreneurship and Regional Development, 18 (6): 543-562.

Stern N. 2007. The economics of climate change: the stern review. Cambridge: Cambridge University Press.

Ulaga W, Eggert A. 2006. Value-based differentiation in business relationships: gaining and sustaining key supplier status. Journal of Marketing, 70(1): 119-136.

Vedung E. 1997. Public policy and program evaluation. New Brunswick and London: Transaction Publishers.

Wei H L, Wong W Y, Lai K. 2012. Linking inter-organizational trust with logistics information integration and partner cooperation under environmental uncertainty. International Journal of Production Economics, 139(2): 642-653.

Woodruff R B. 1997. Customer value: the next source for competitive advantage. Journal of the Academy of Marketing Science, 25(2): 139-153.

Wu L, Yun J. 2014. Low-carbon technology innovation of Chinese enterprises: current situation and countermeasure research. Journal of Chemical & Pharmaceutical Research, 6(3): 818-823.

Xing X, Wang Y, Wang J Z. 2011. The Problems and Strategies of the Low Carbon Economy Development. Energy Procedia, 5(5): 1831-1836.

Yang X L. 2009. Discussion on the cultivation system construction of sustainable innovation ability for small and medium enterprises. Journal of Sustainable Development, 1 (1): 54-57.

Zeger D, Willy G, Raf J. 2002. Alternative formulations for a layout problem in the fashion industry. European Journal of Operational Research, 143(1): 80-93.